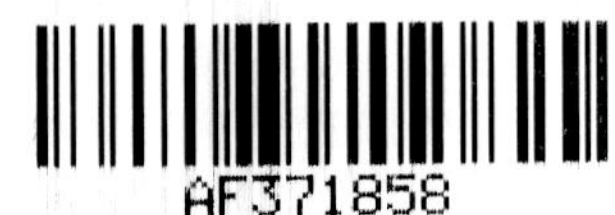

UN CUCCIOLO UN GIORNO

Libro Da Colorare Adulto Sforzo Alleviare
Disegni Animali Edizione

Coloring Bandit

Pubblicato da Speedy Publishing Canada Limited

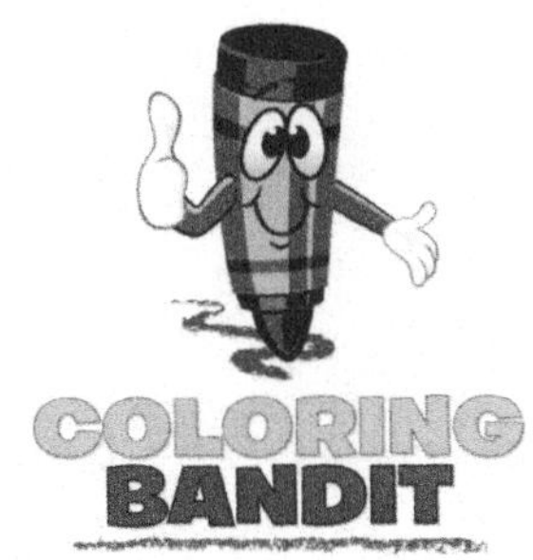

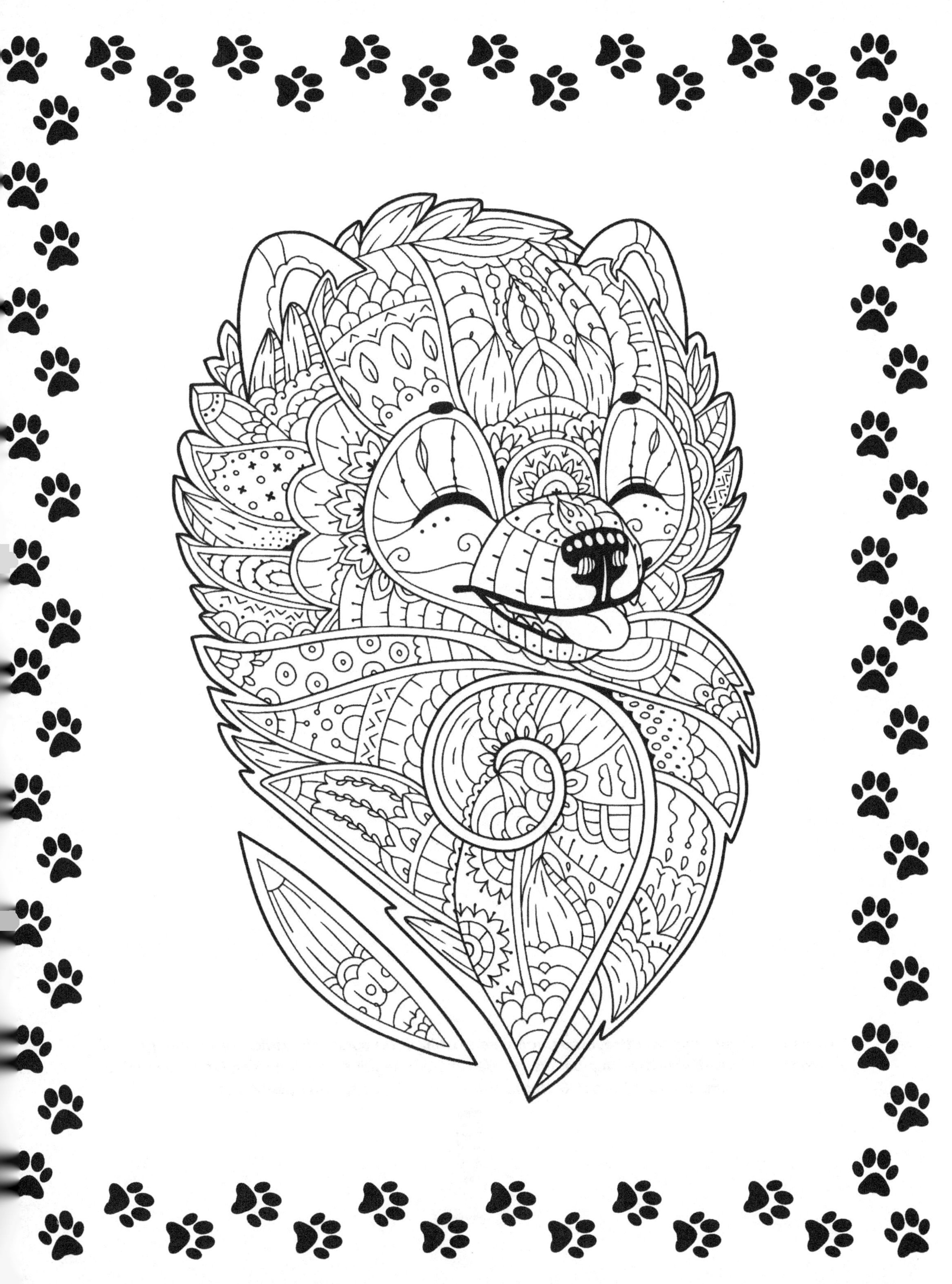

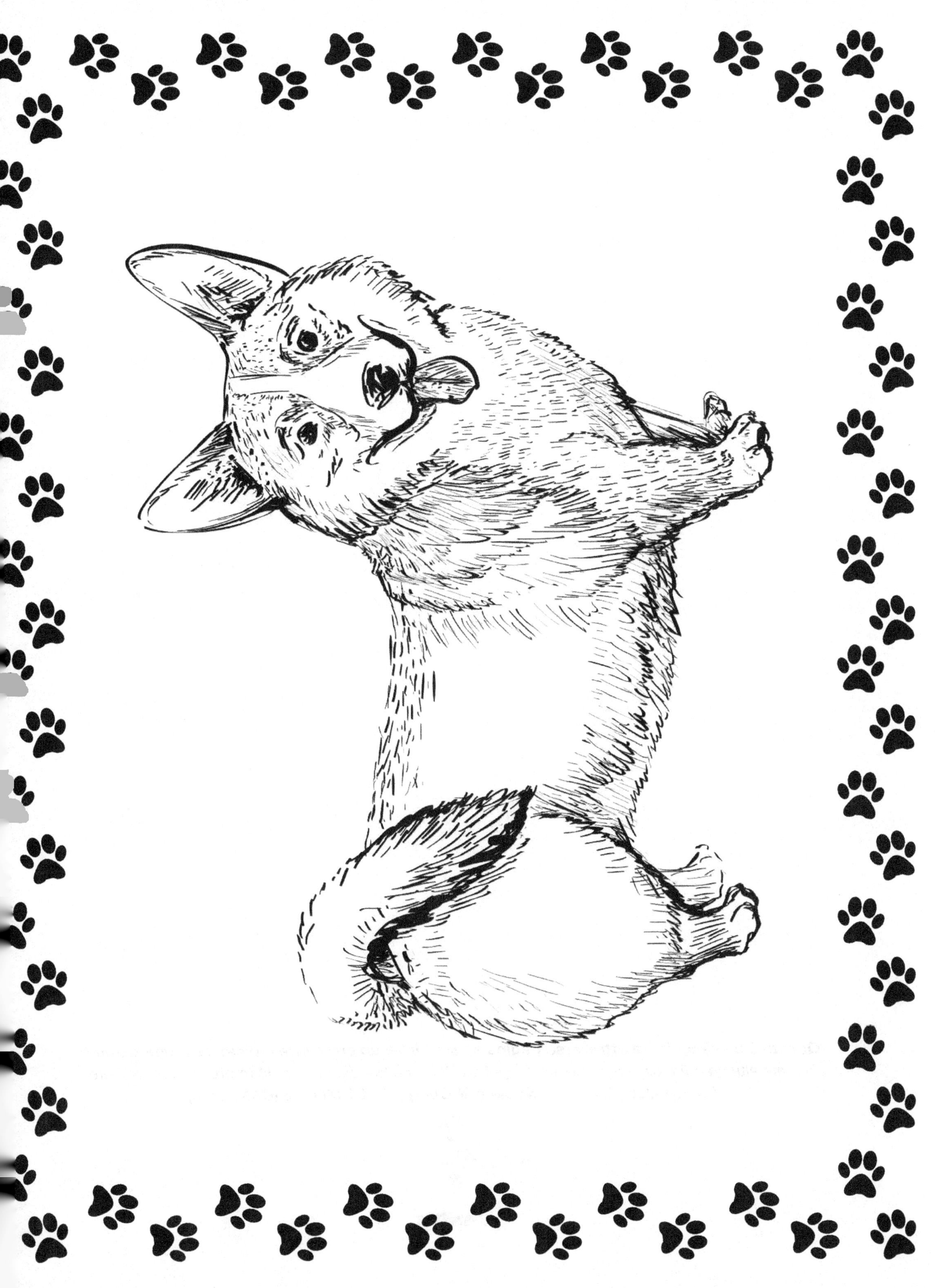

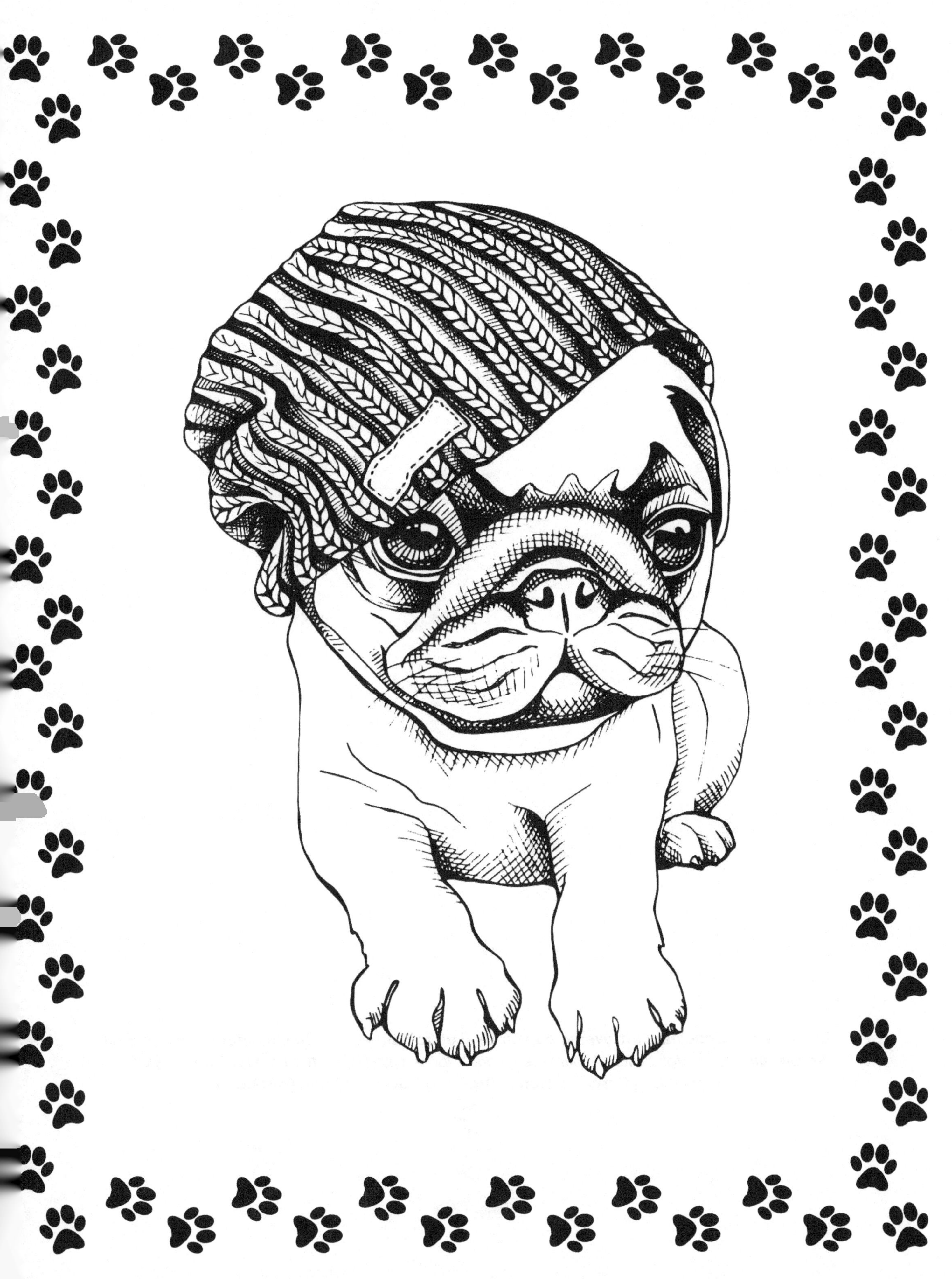

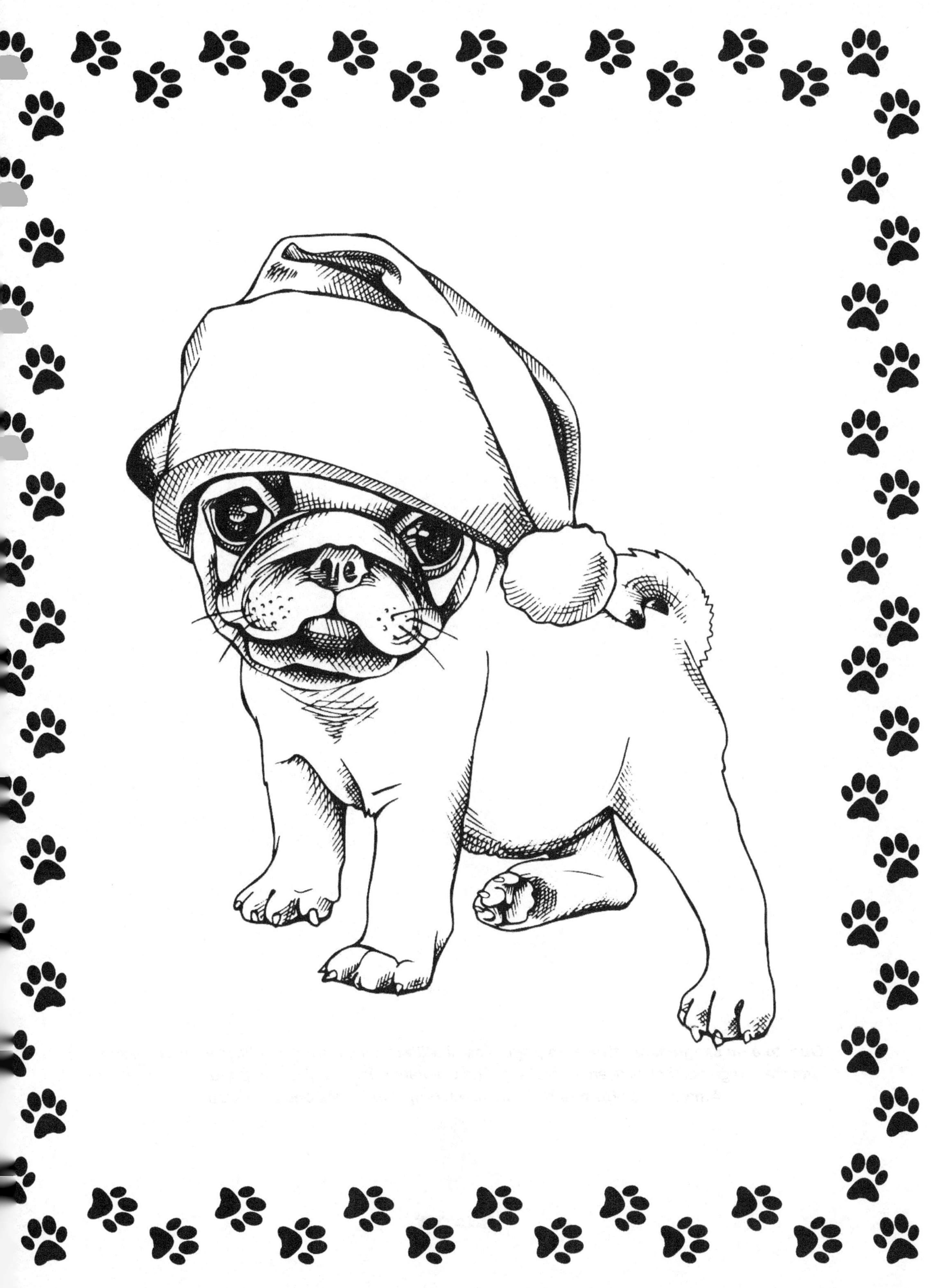

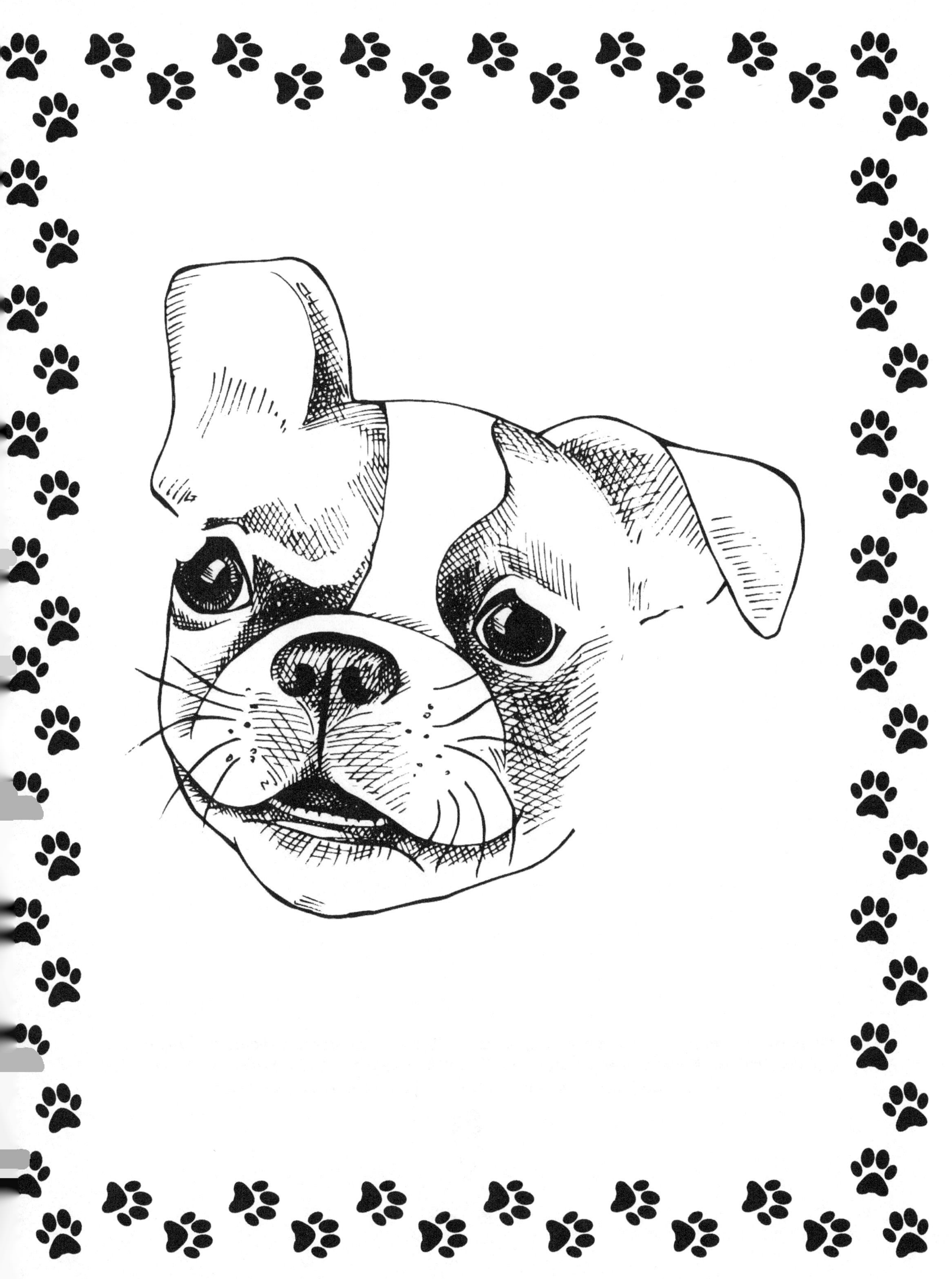

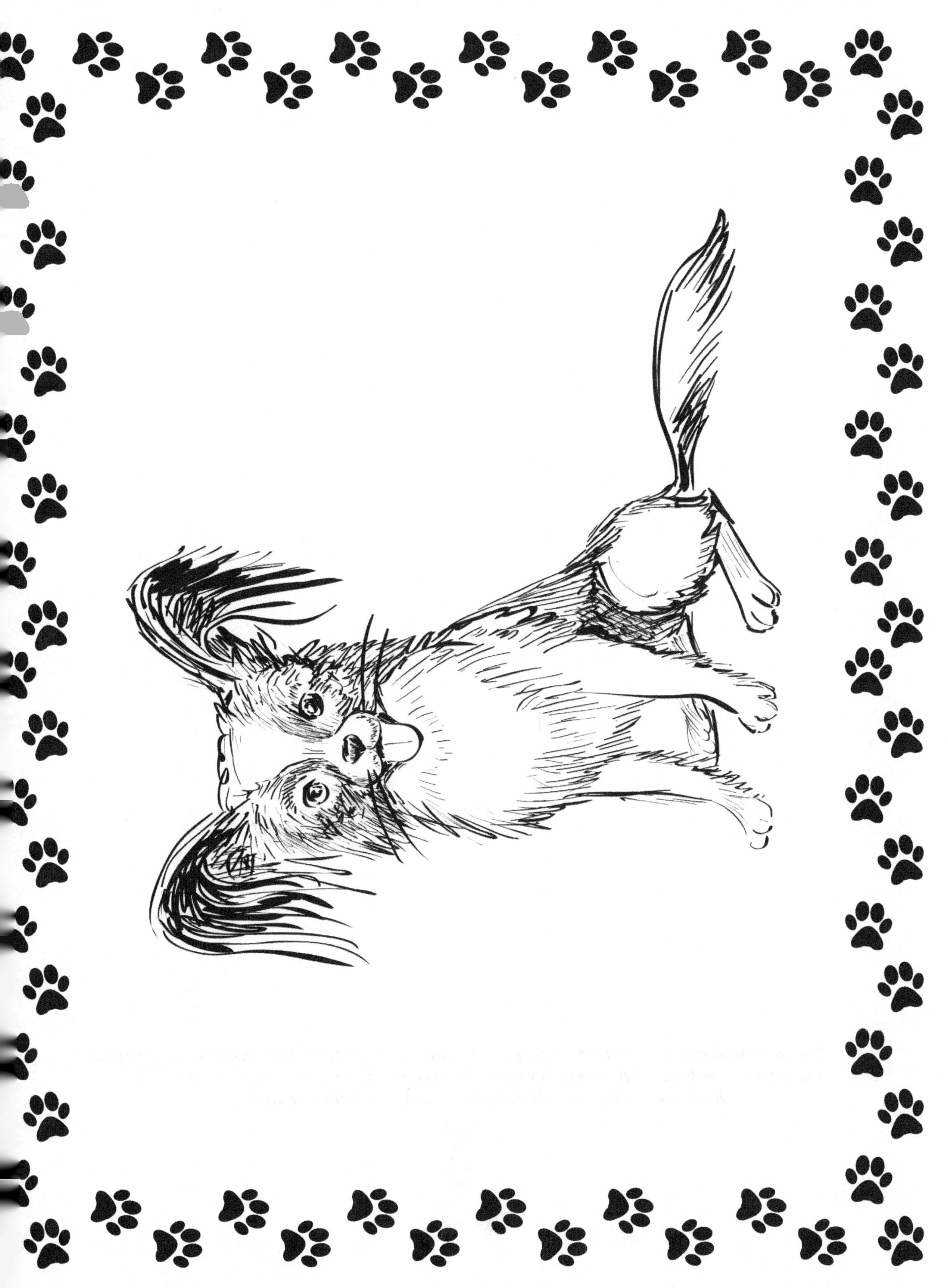

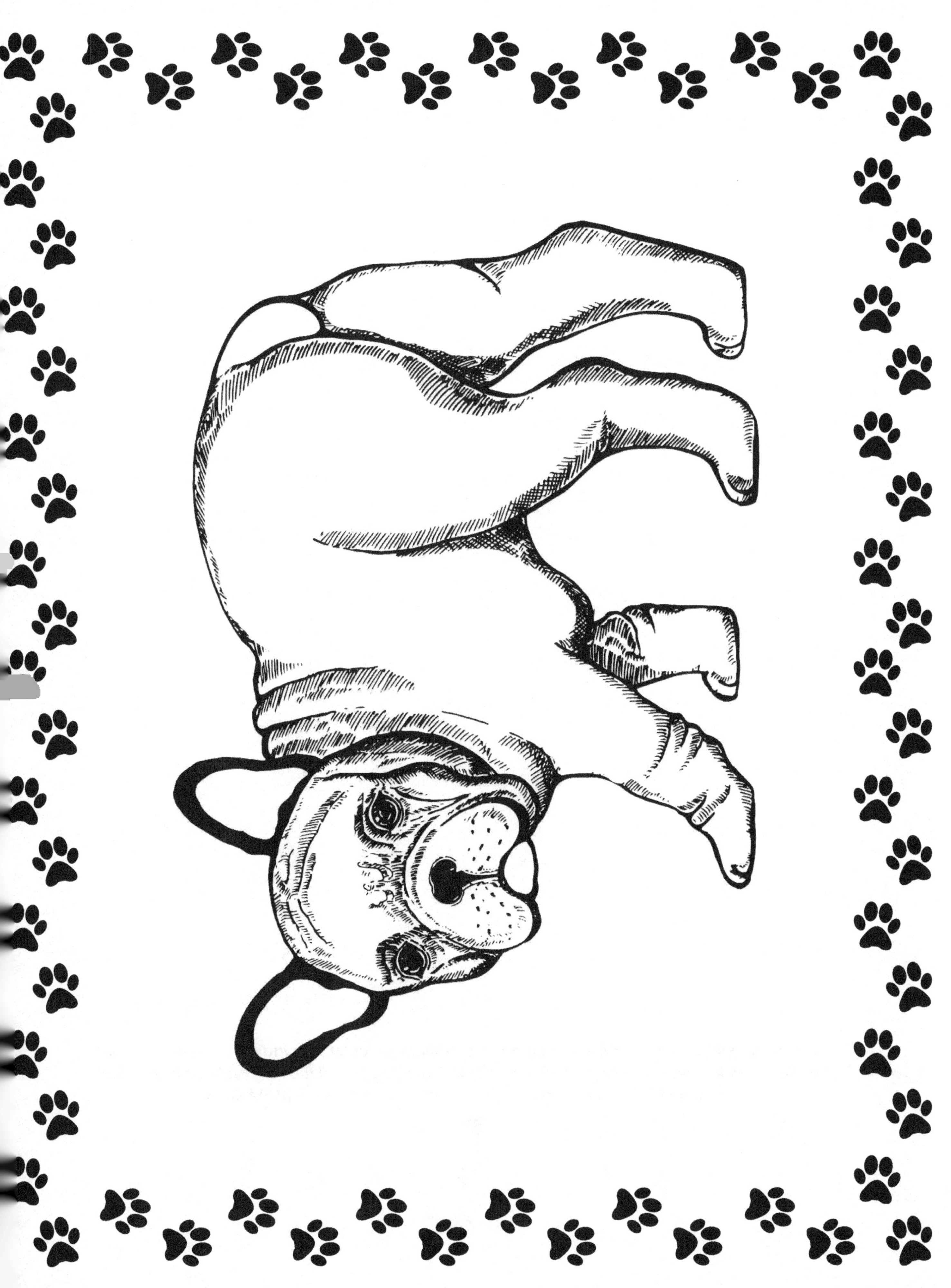

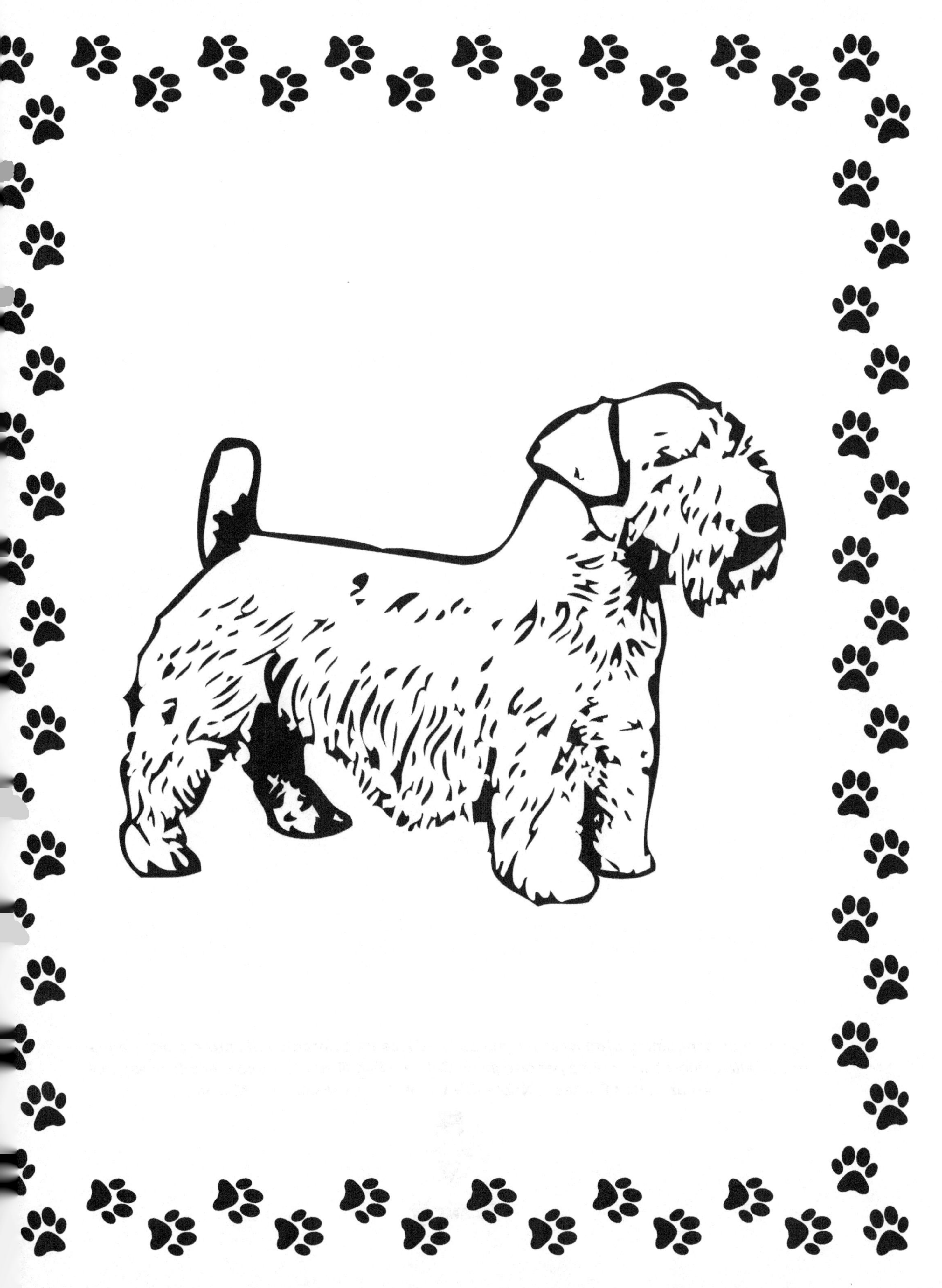

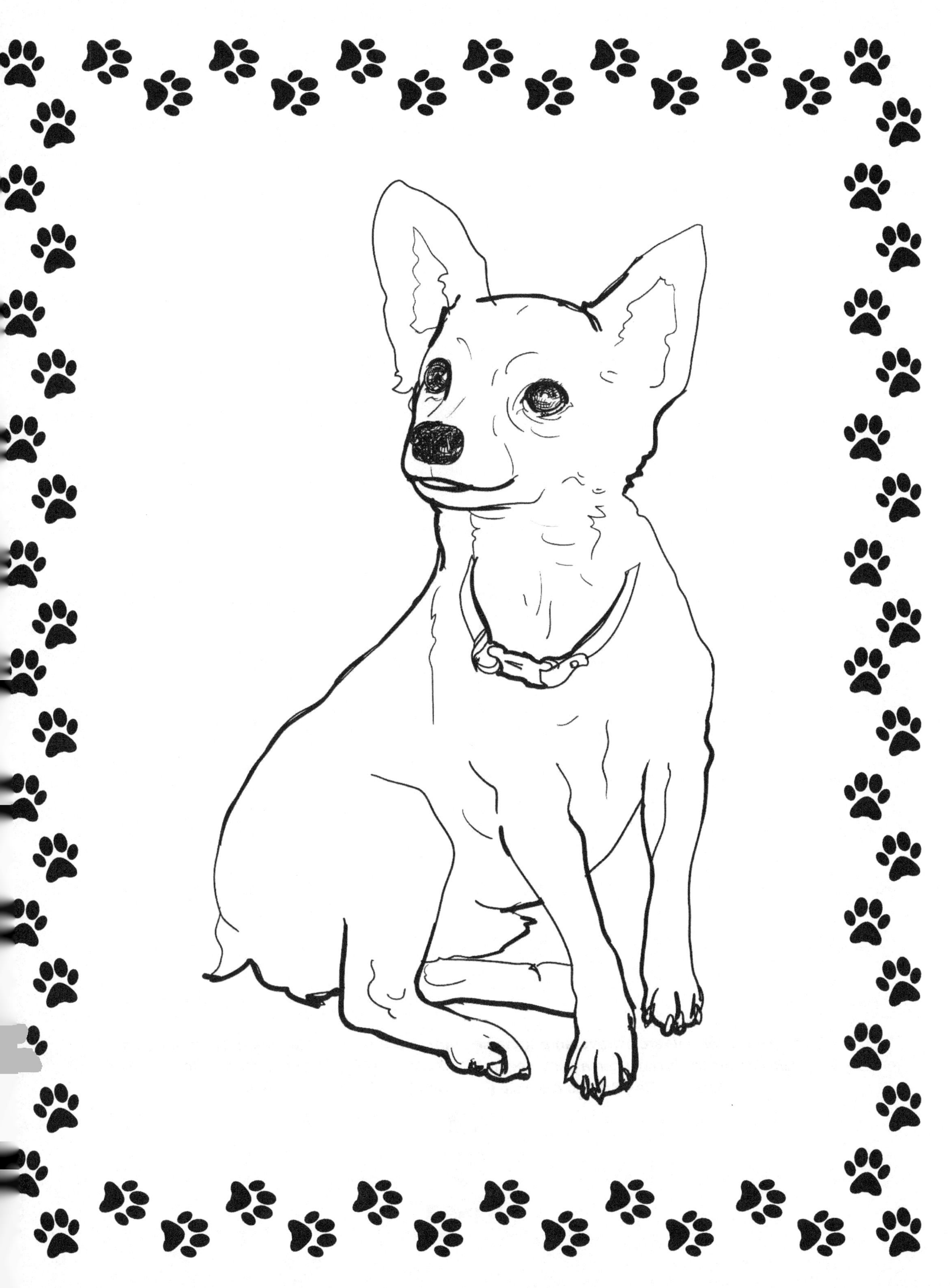

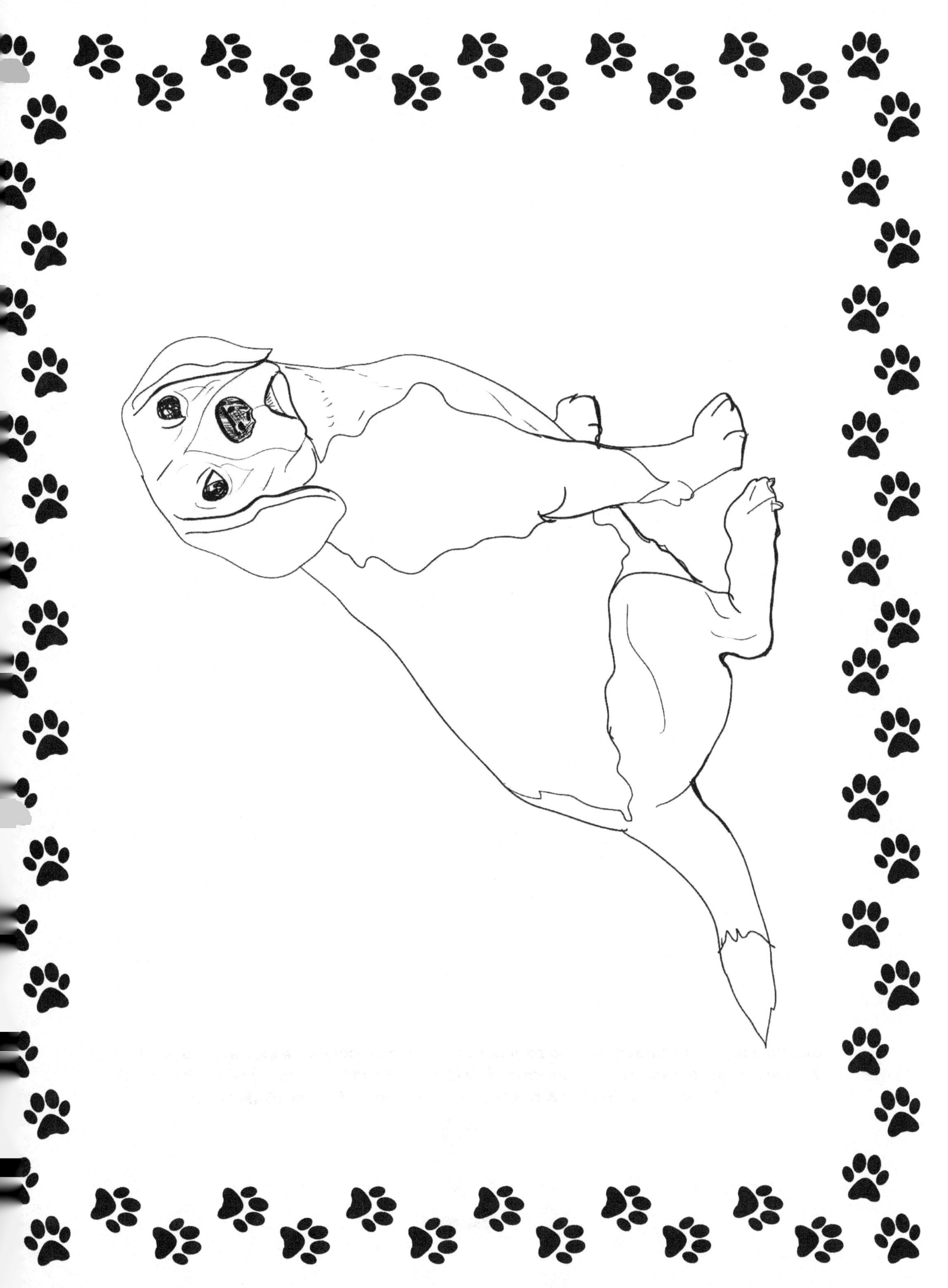

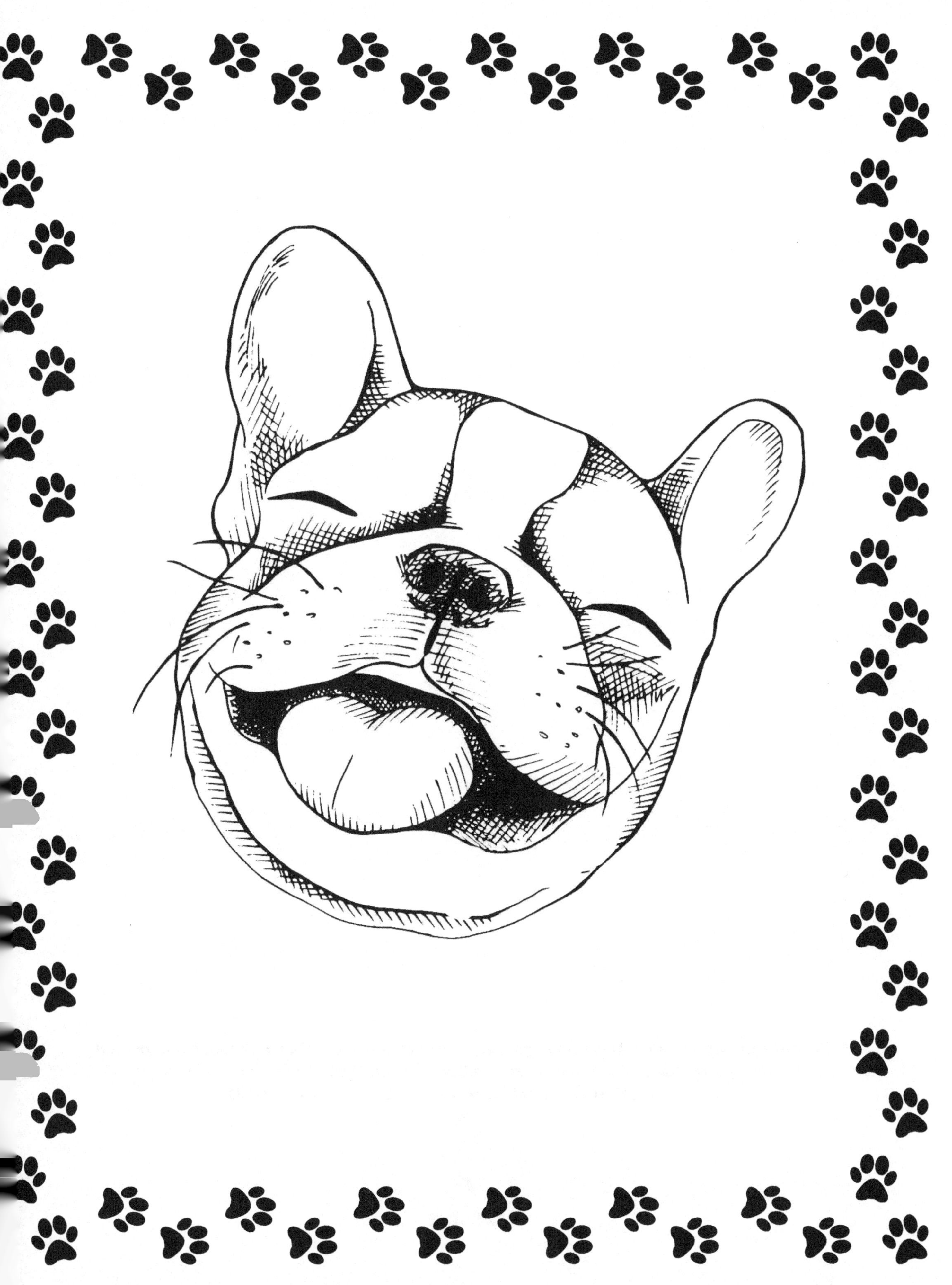

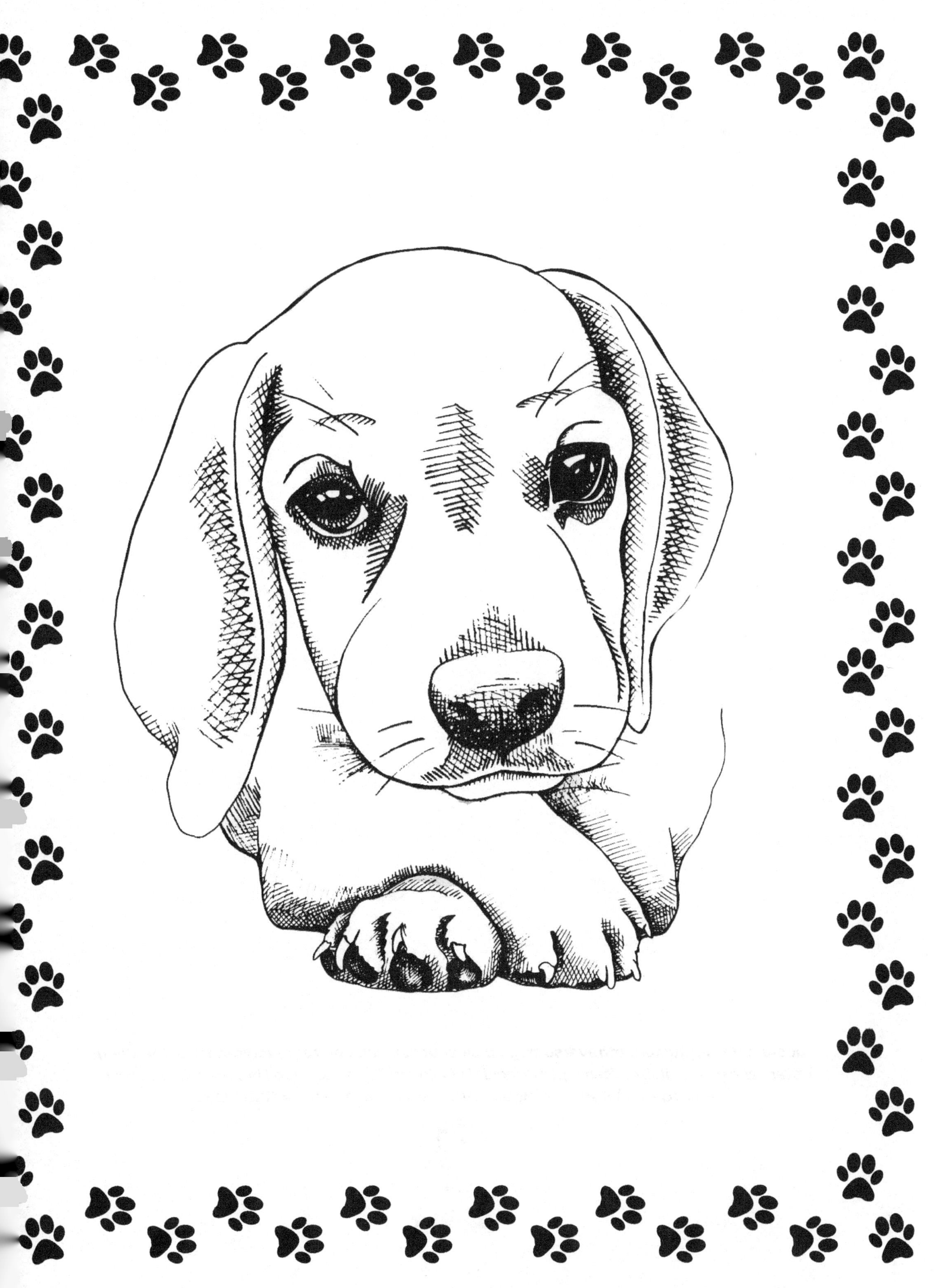

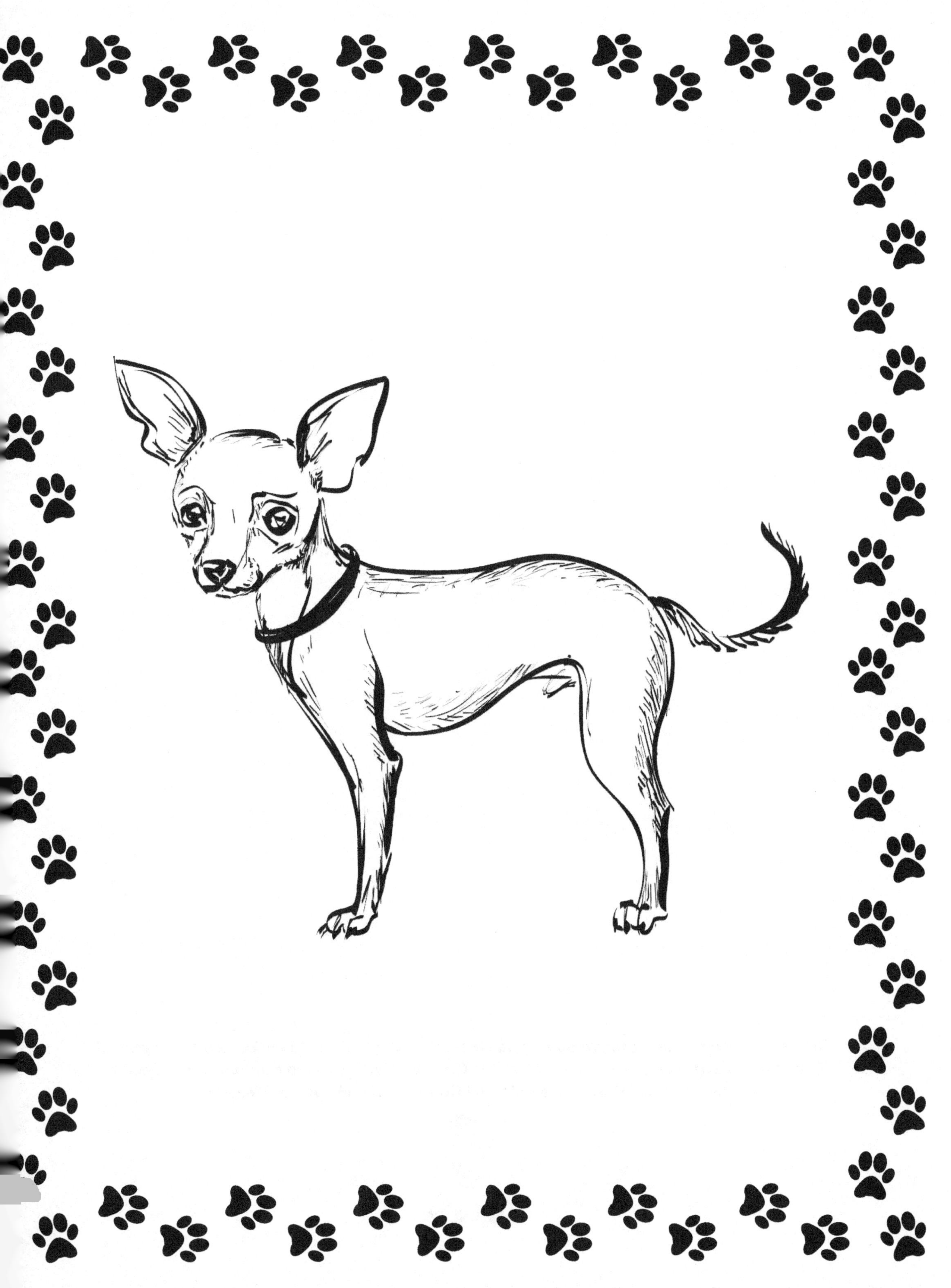

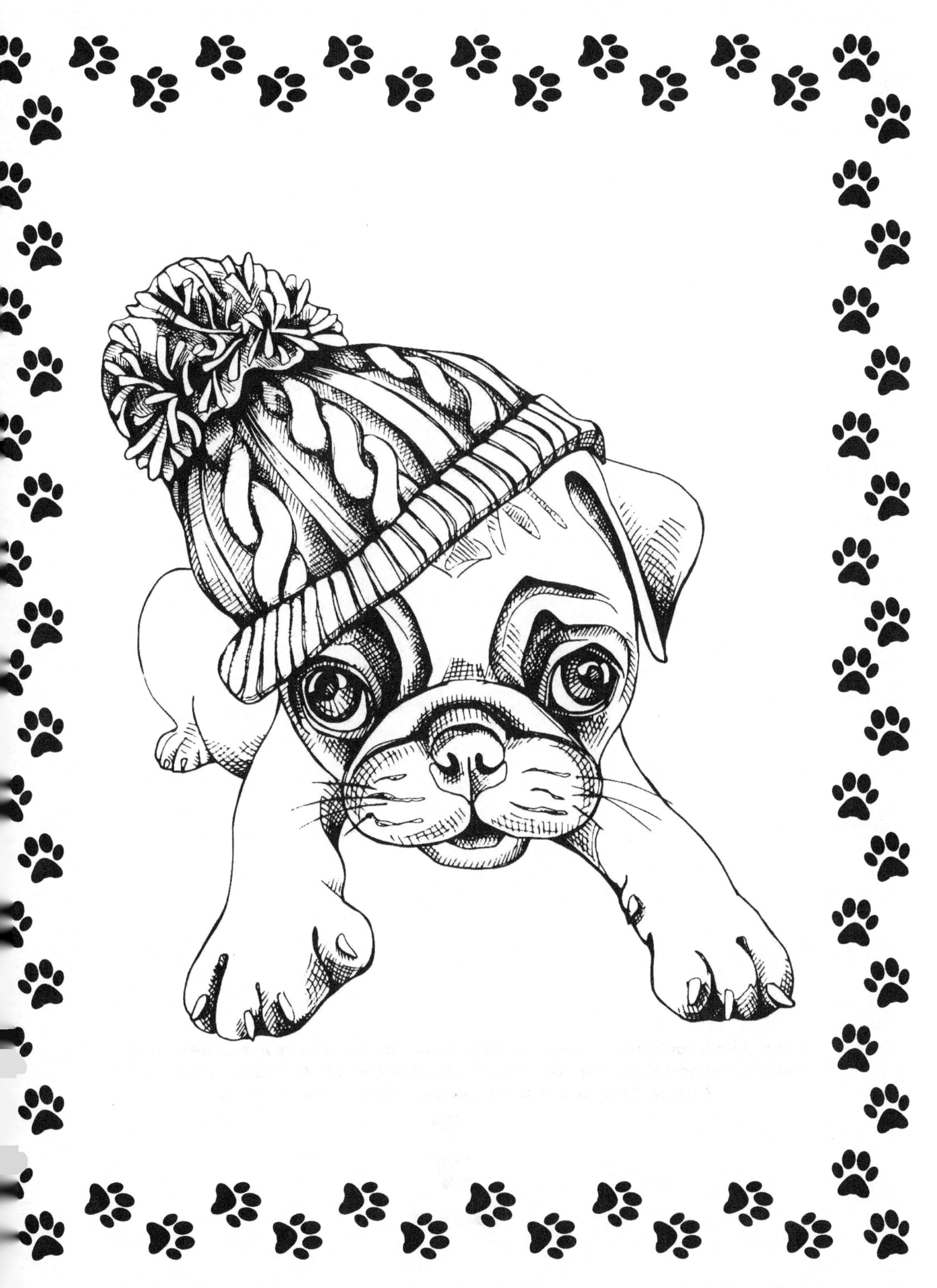

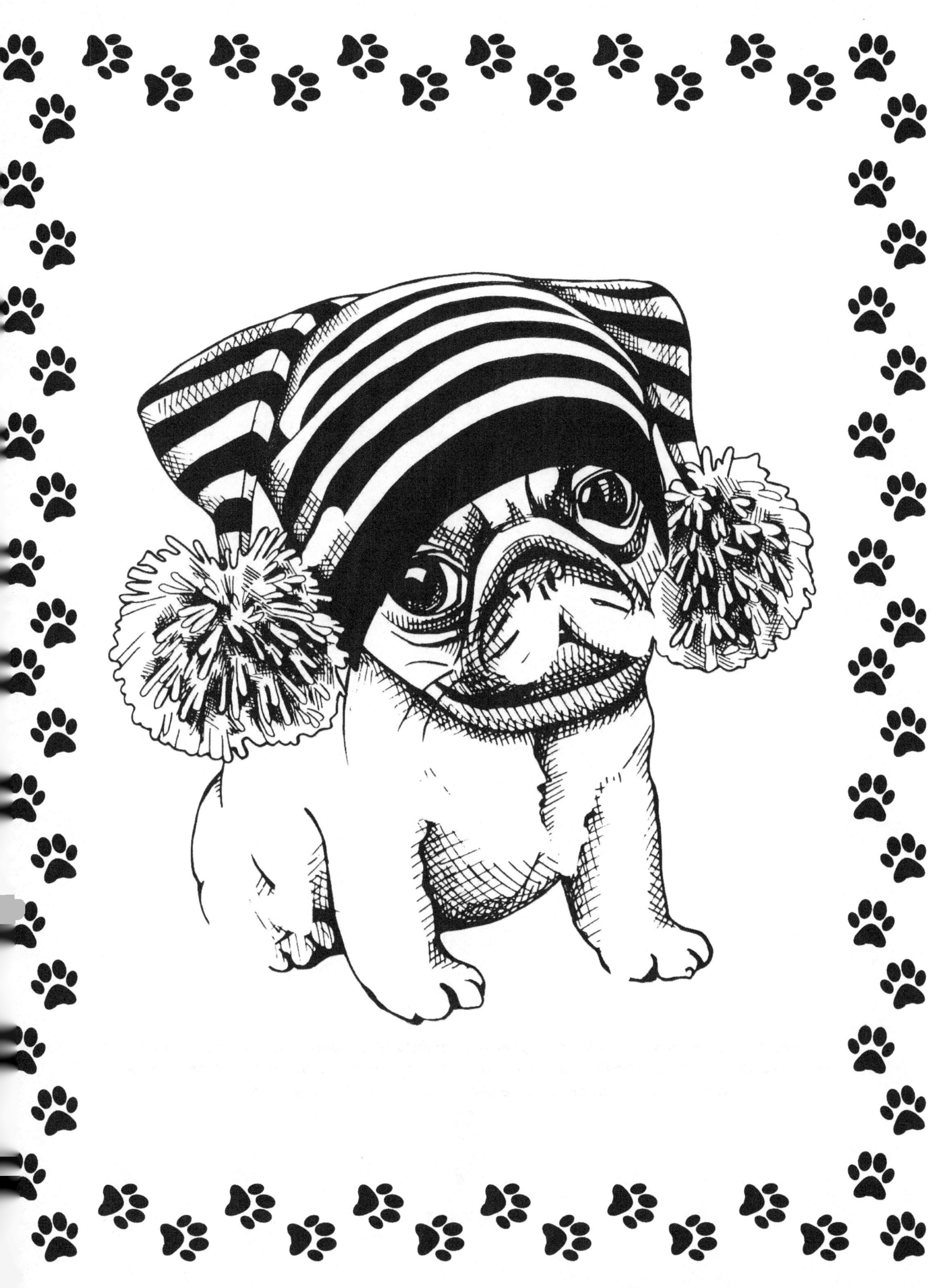

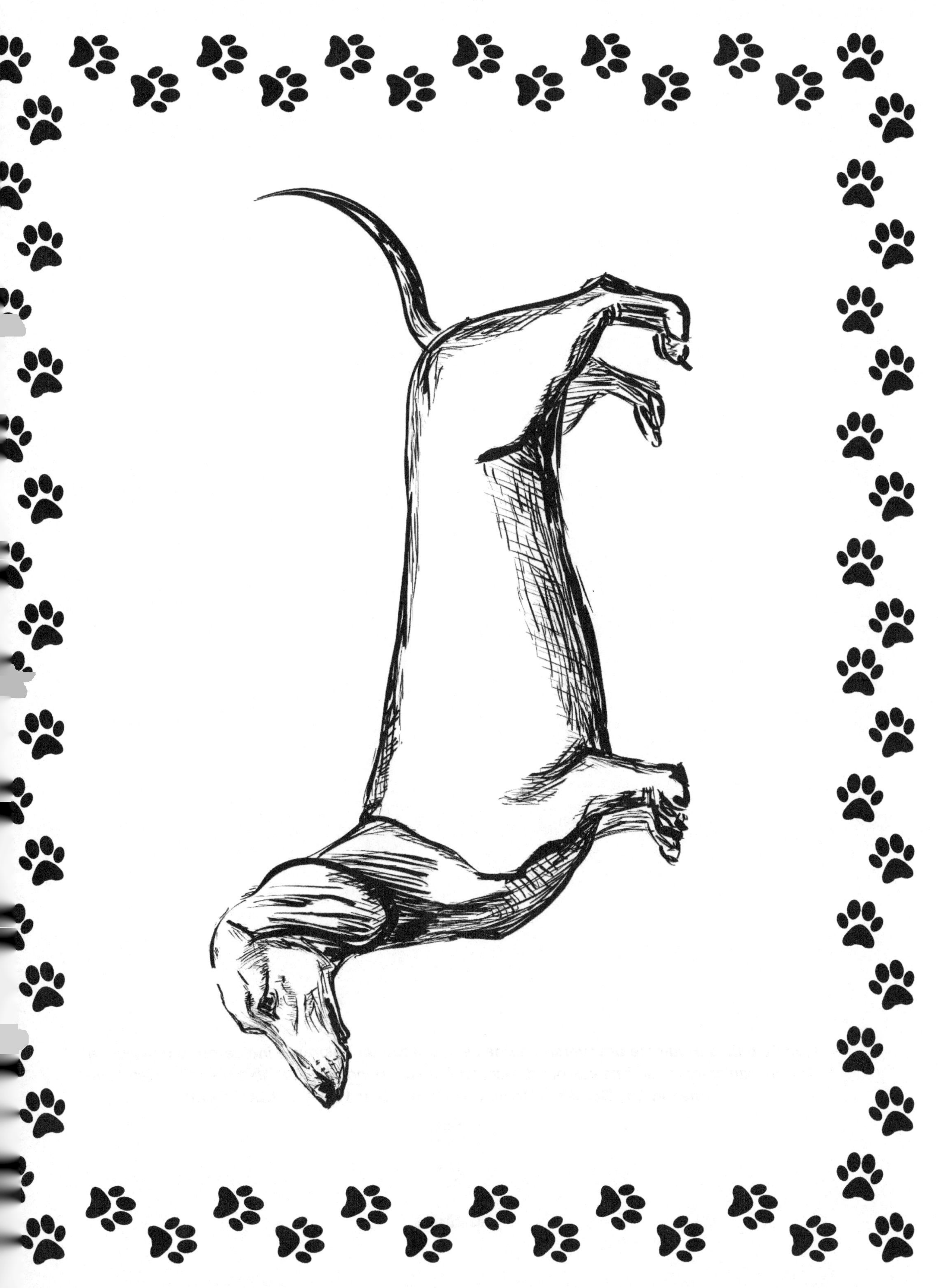

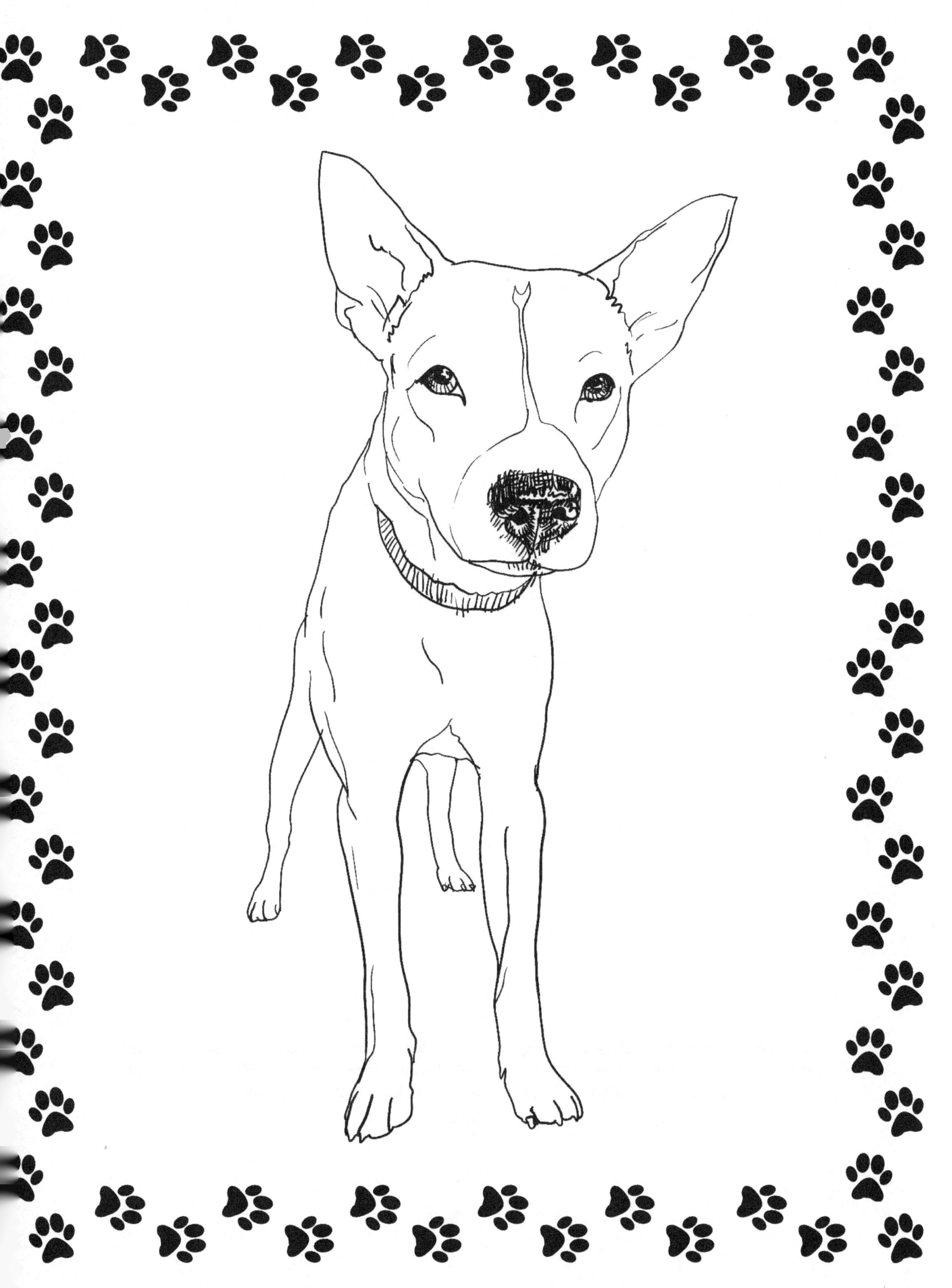

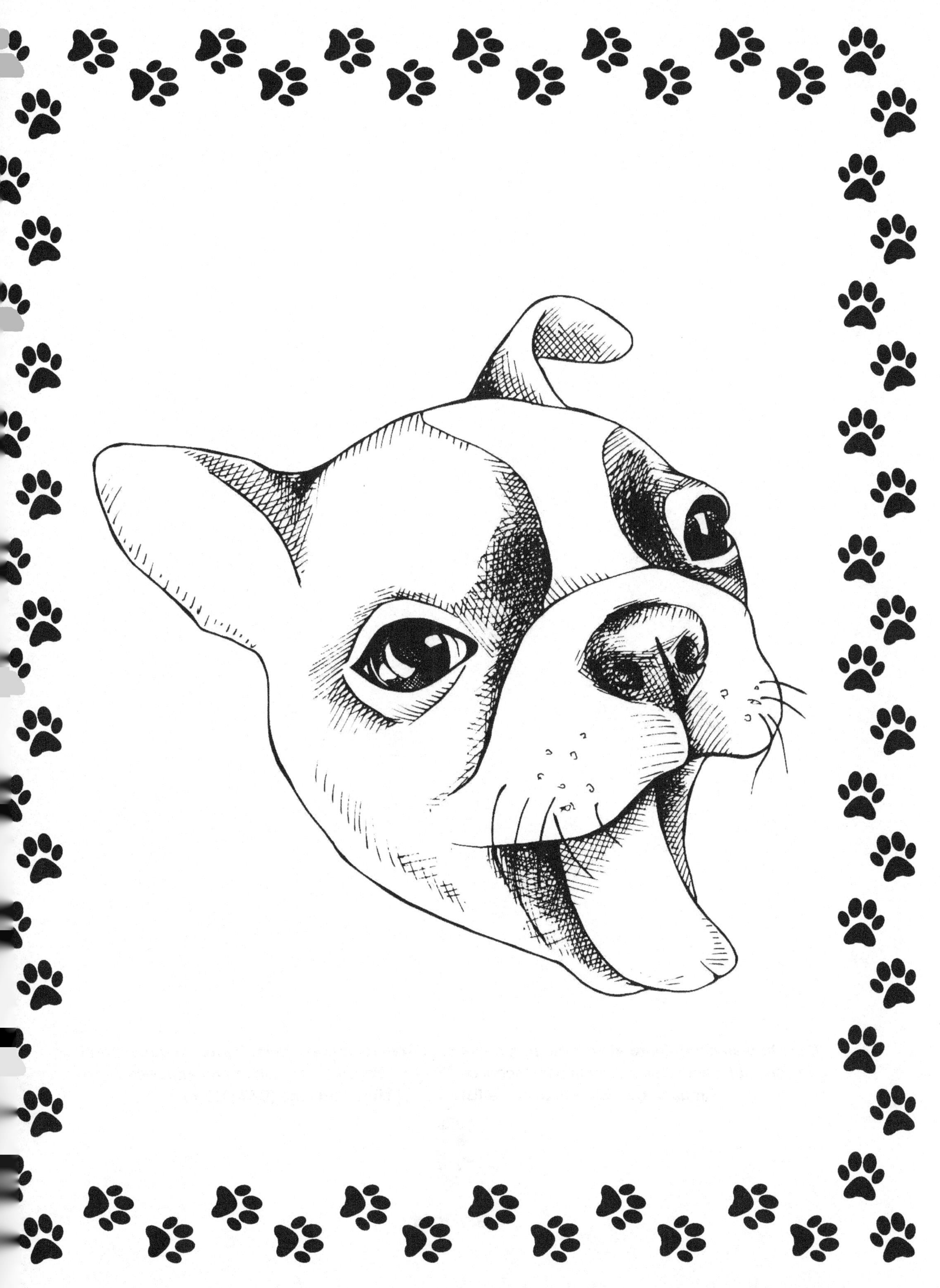

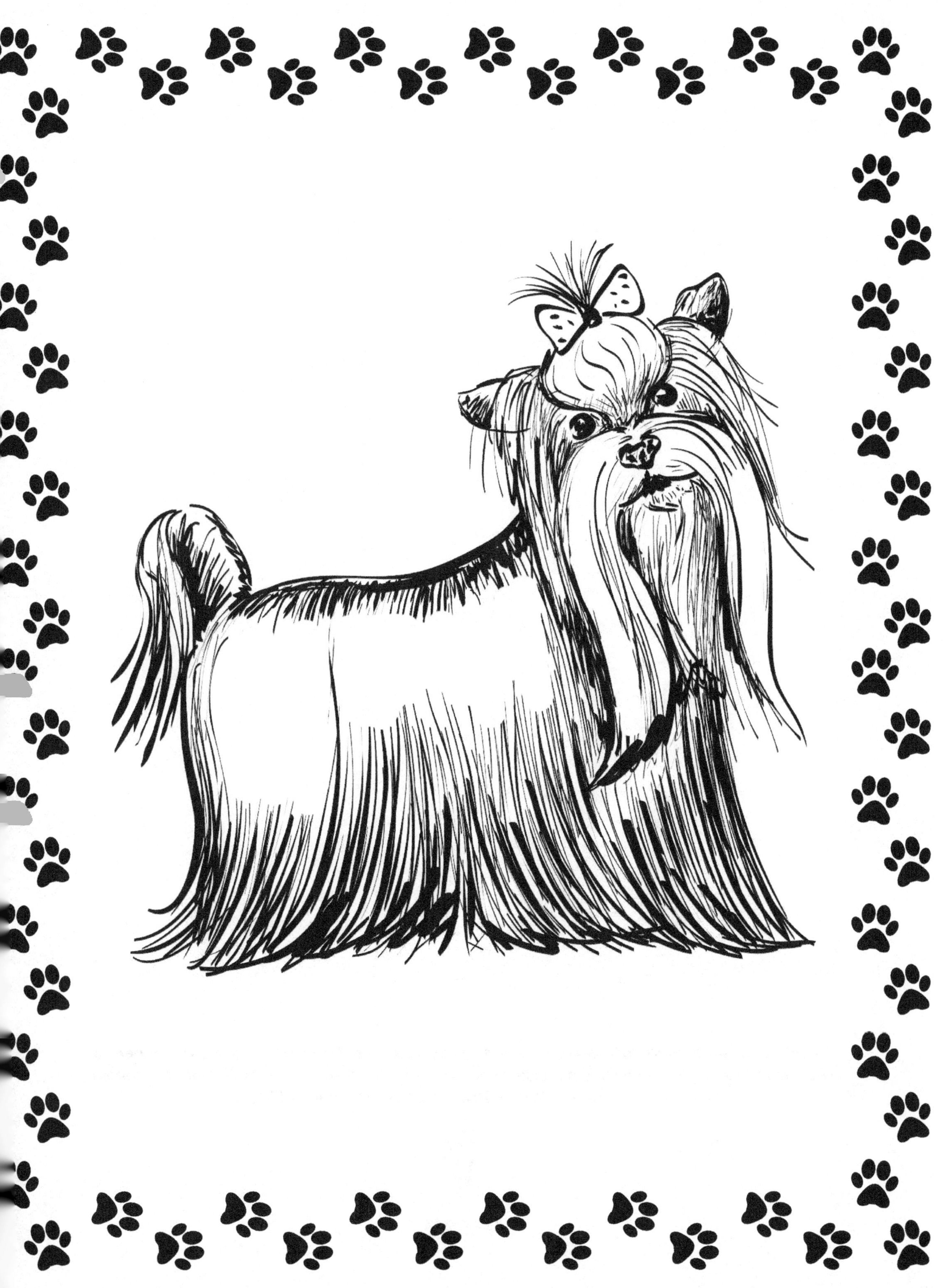

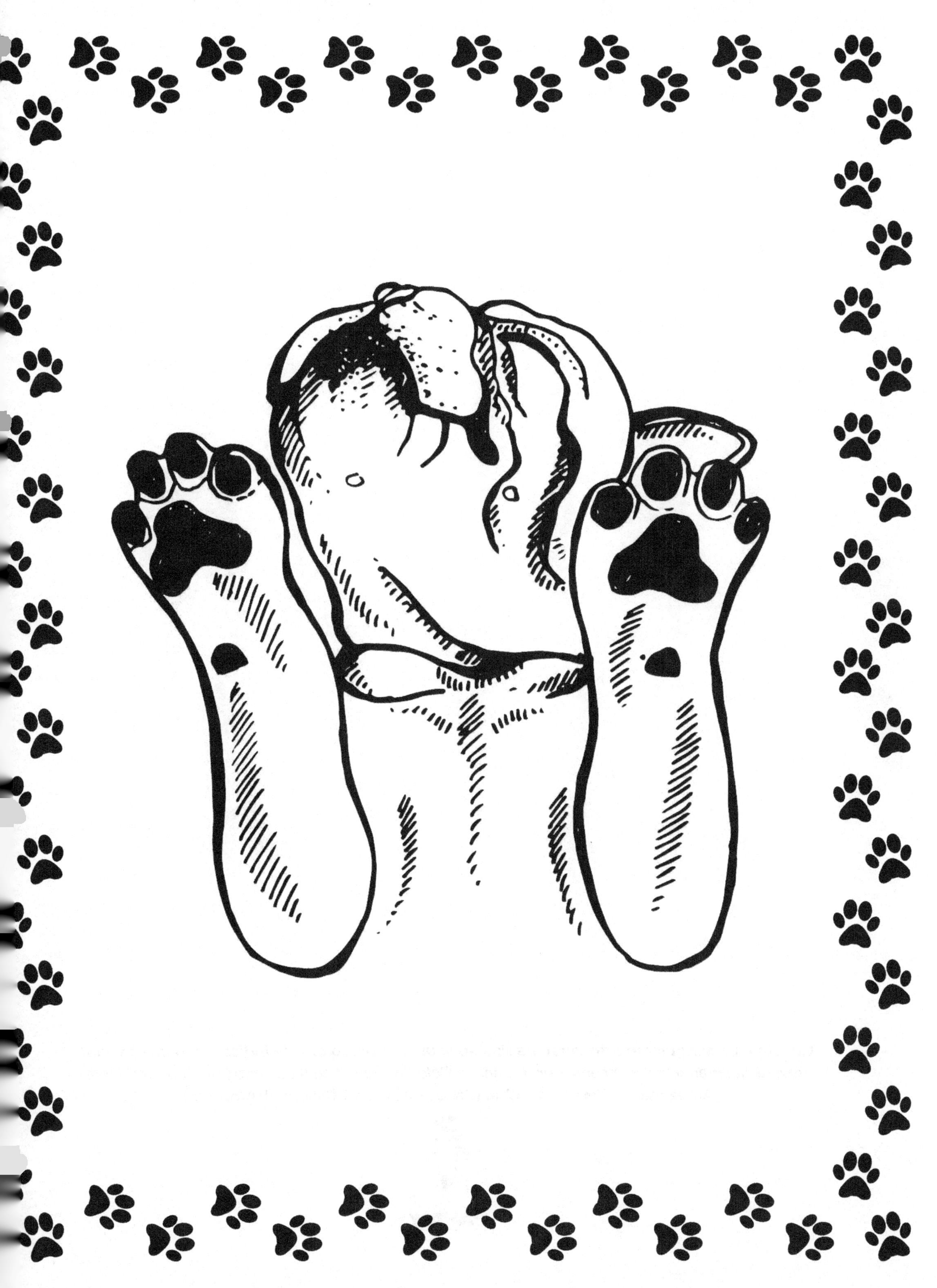

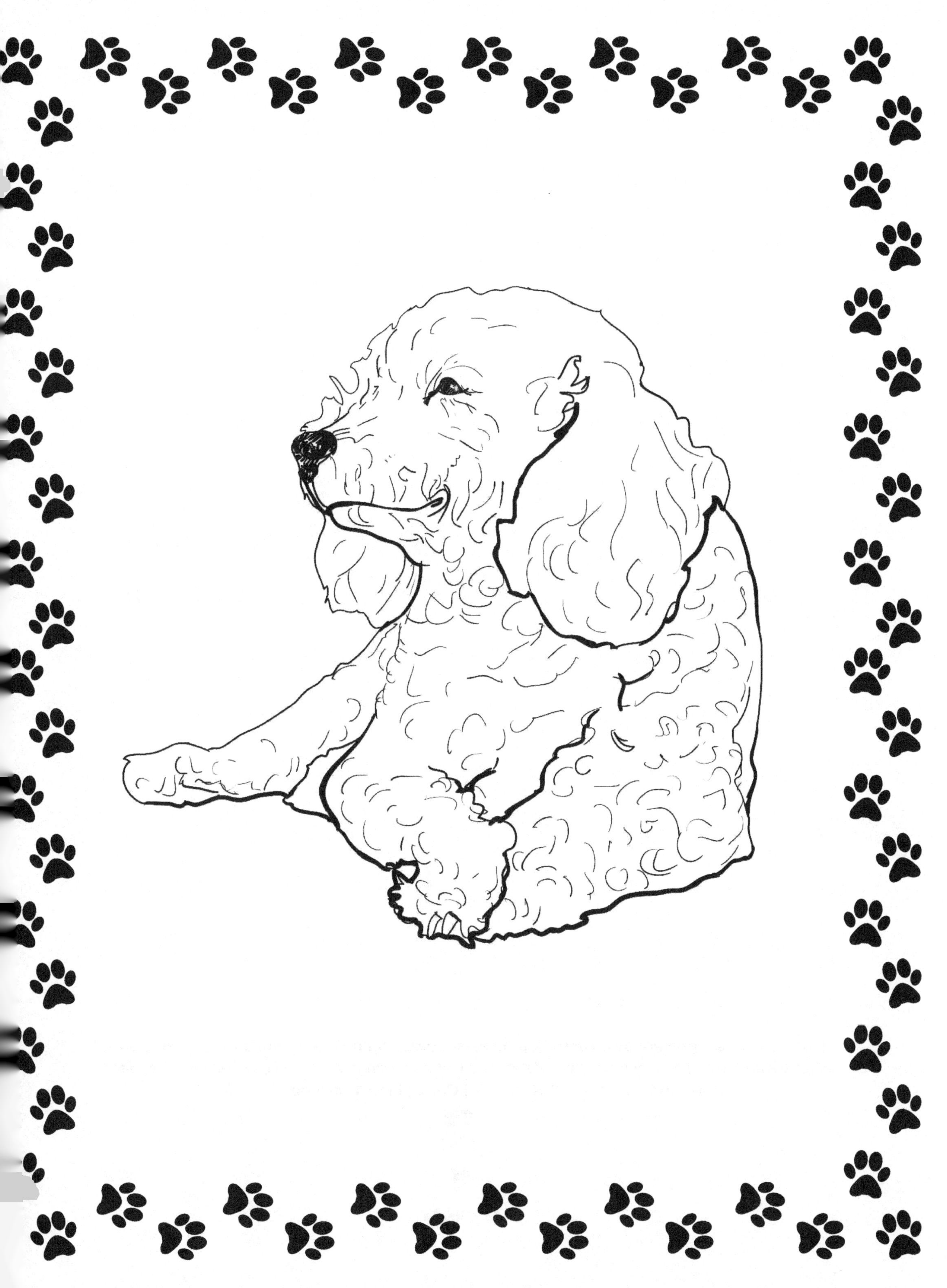

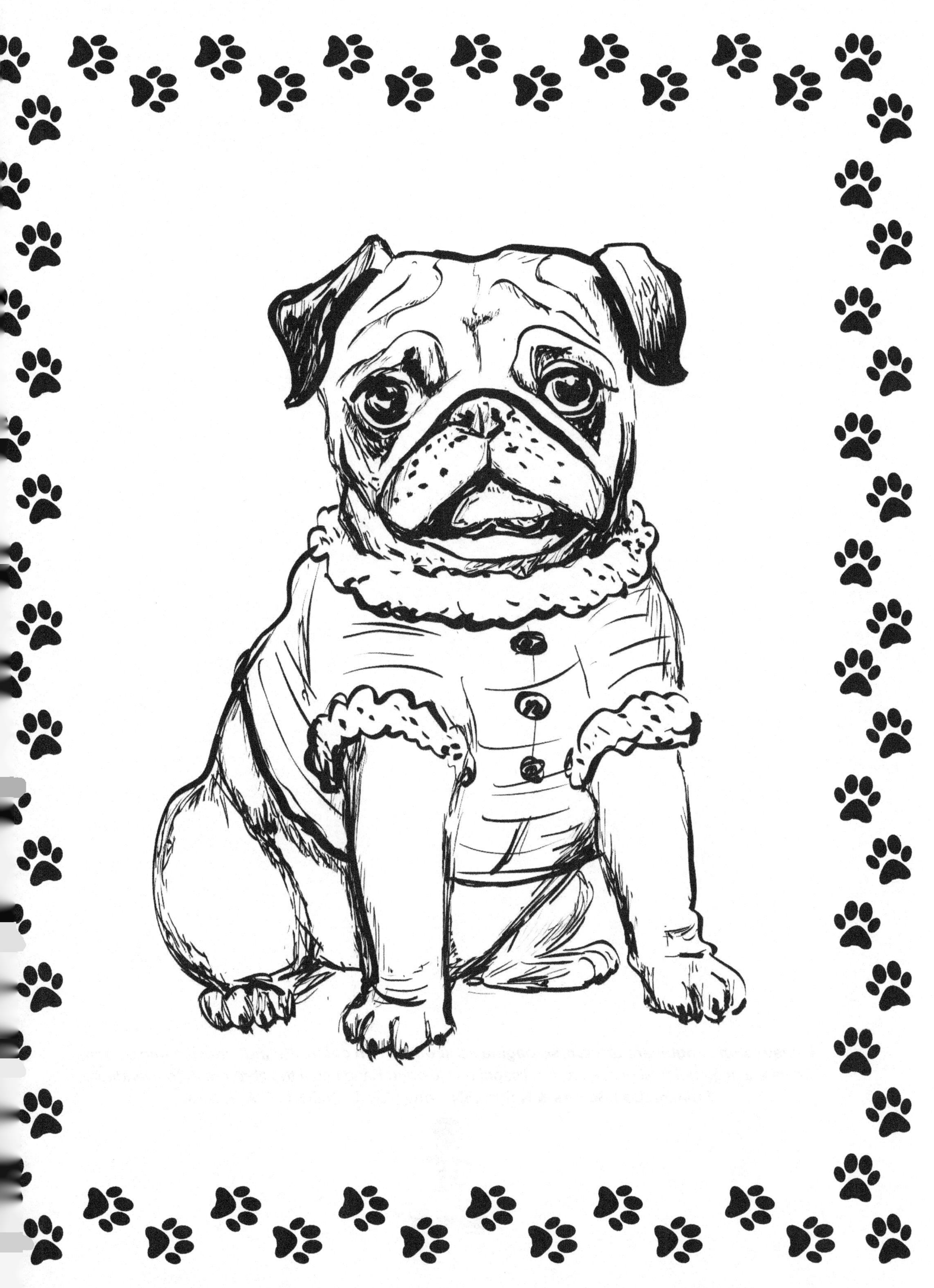

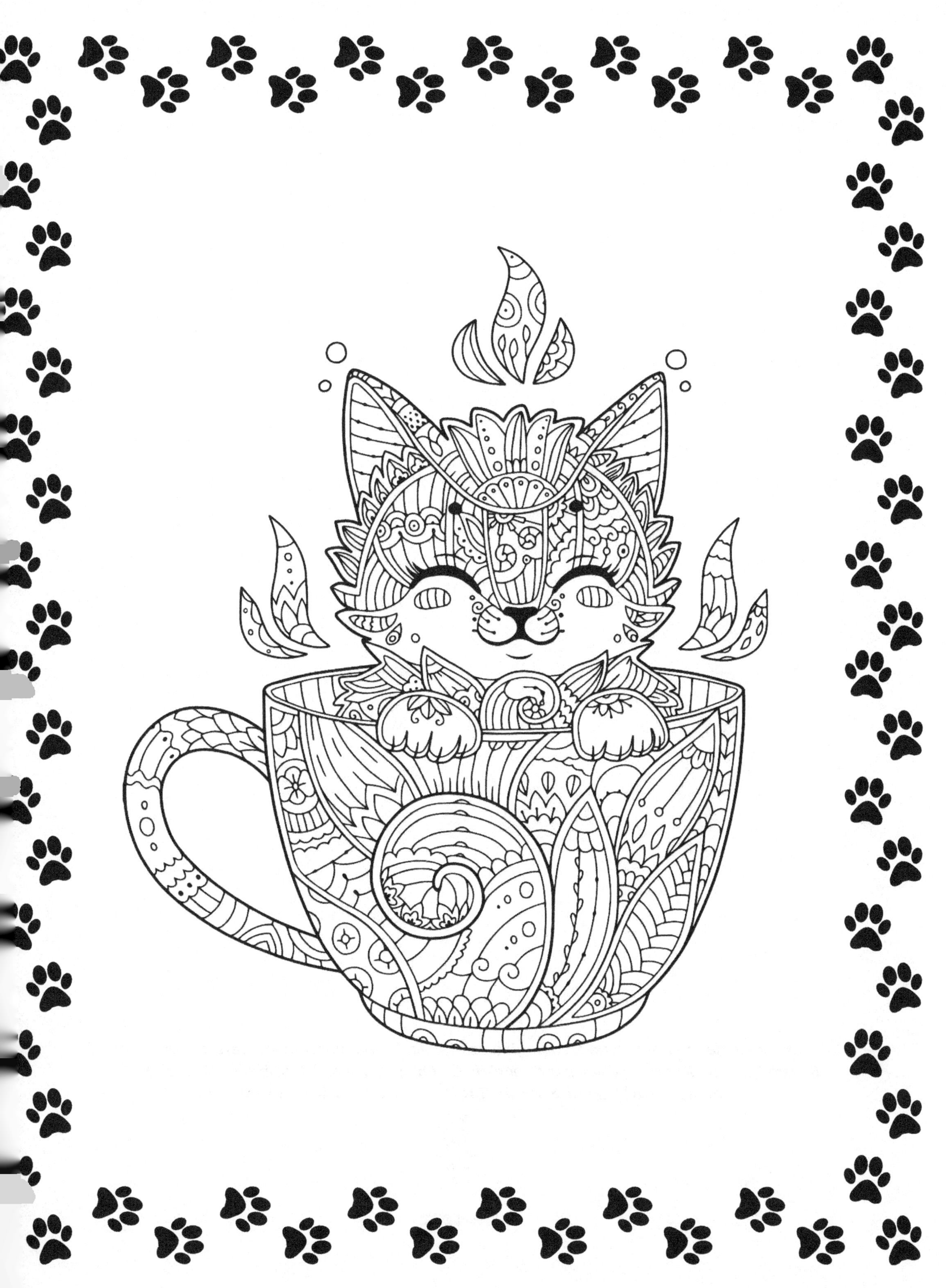

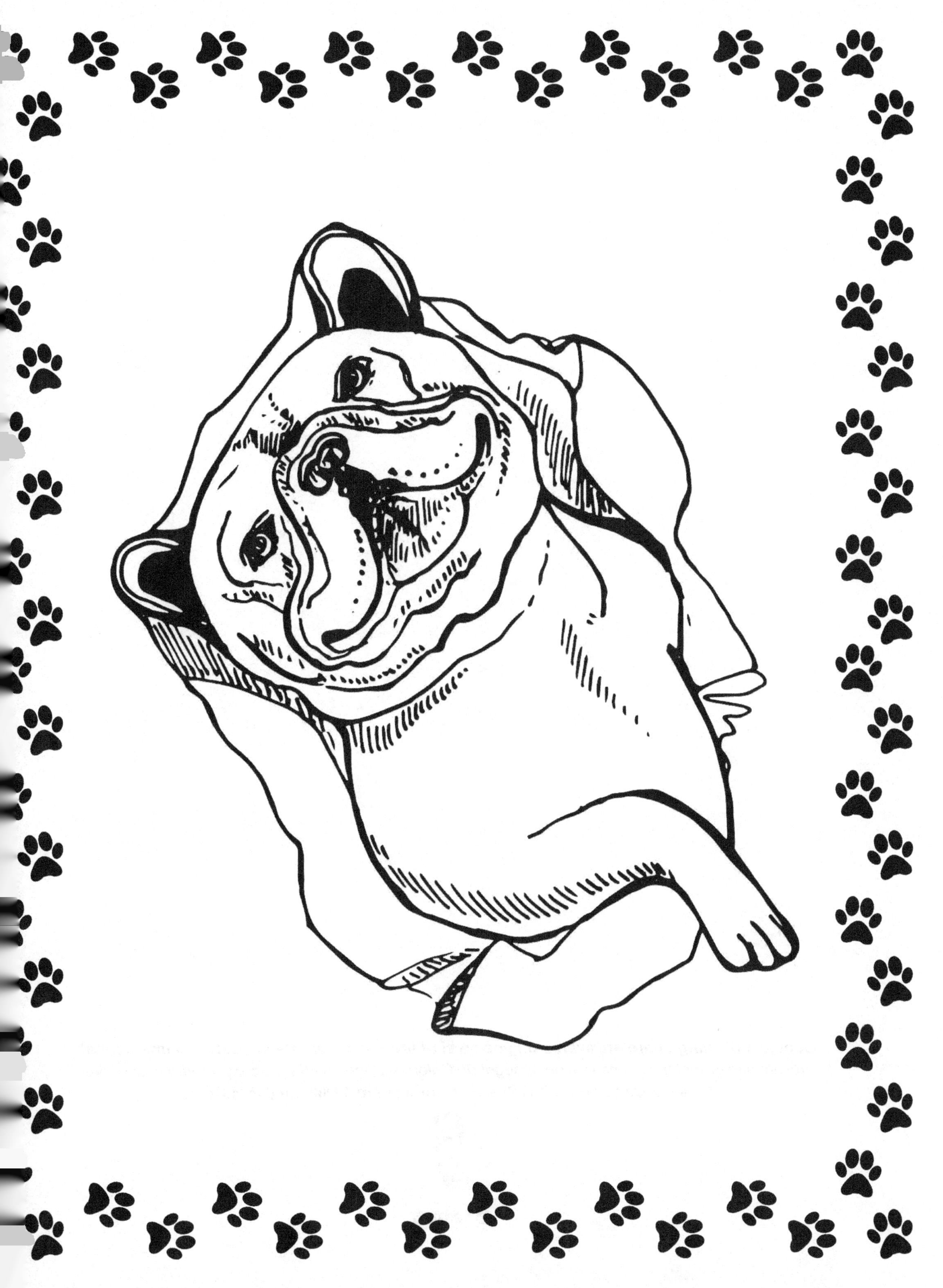

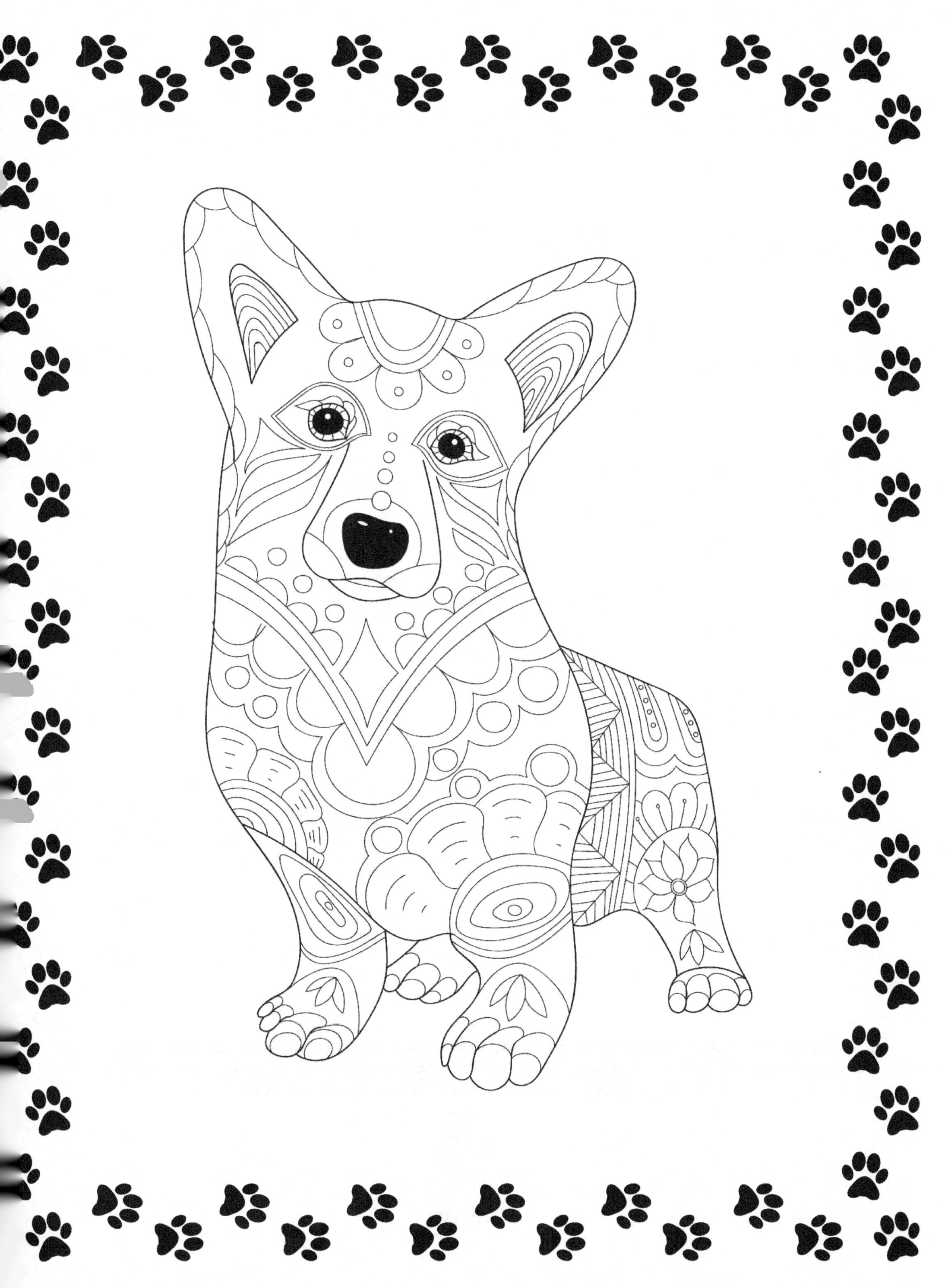

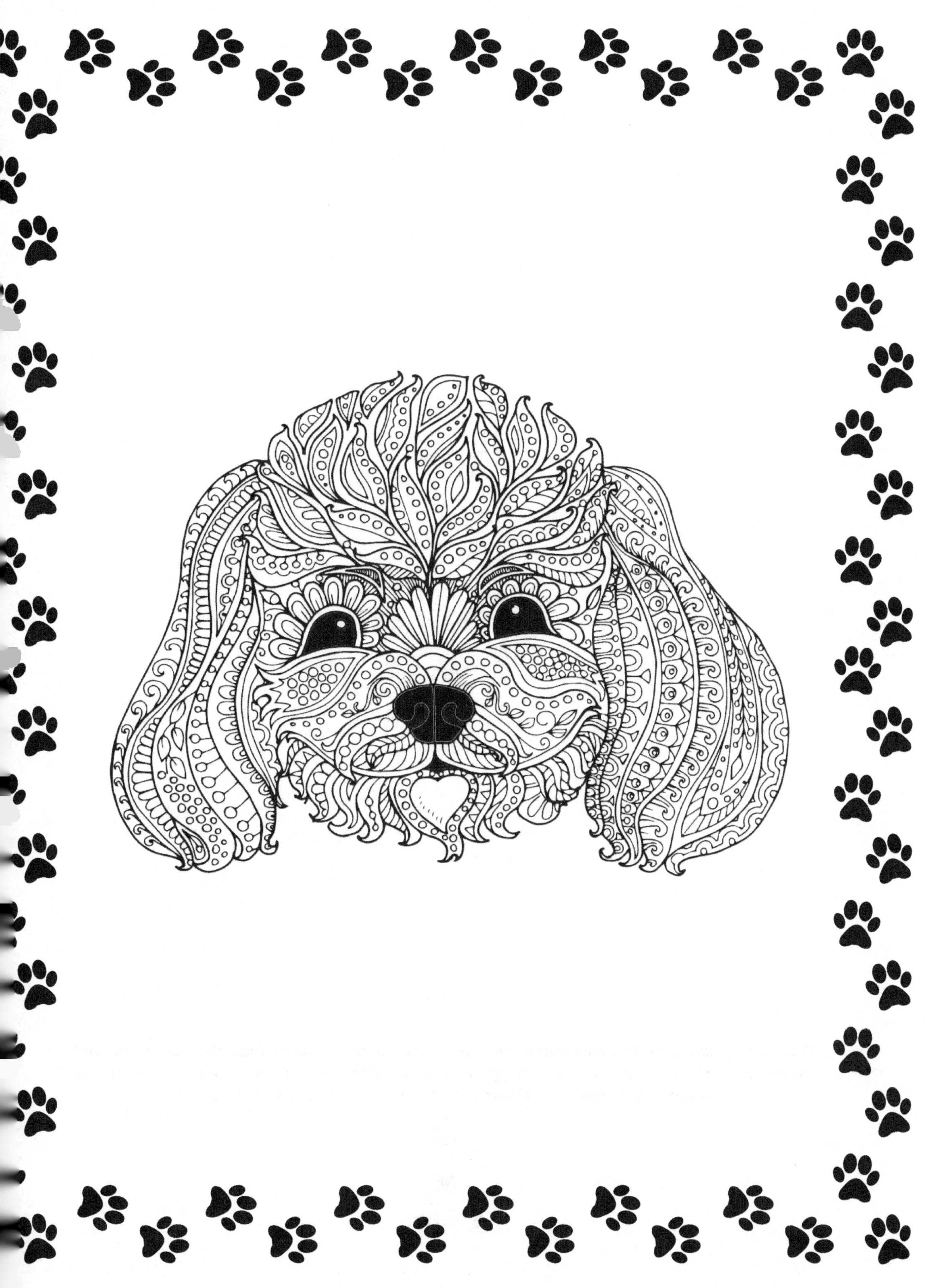

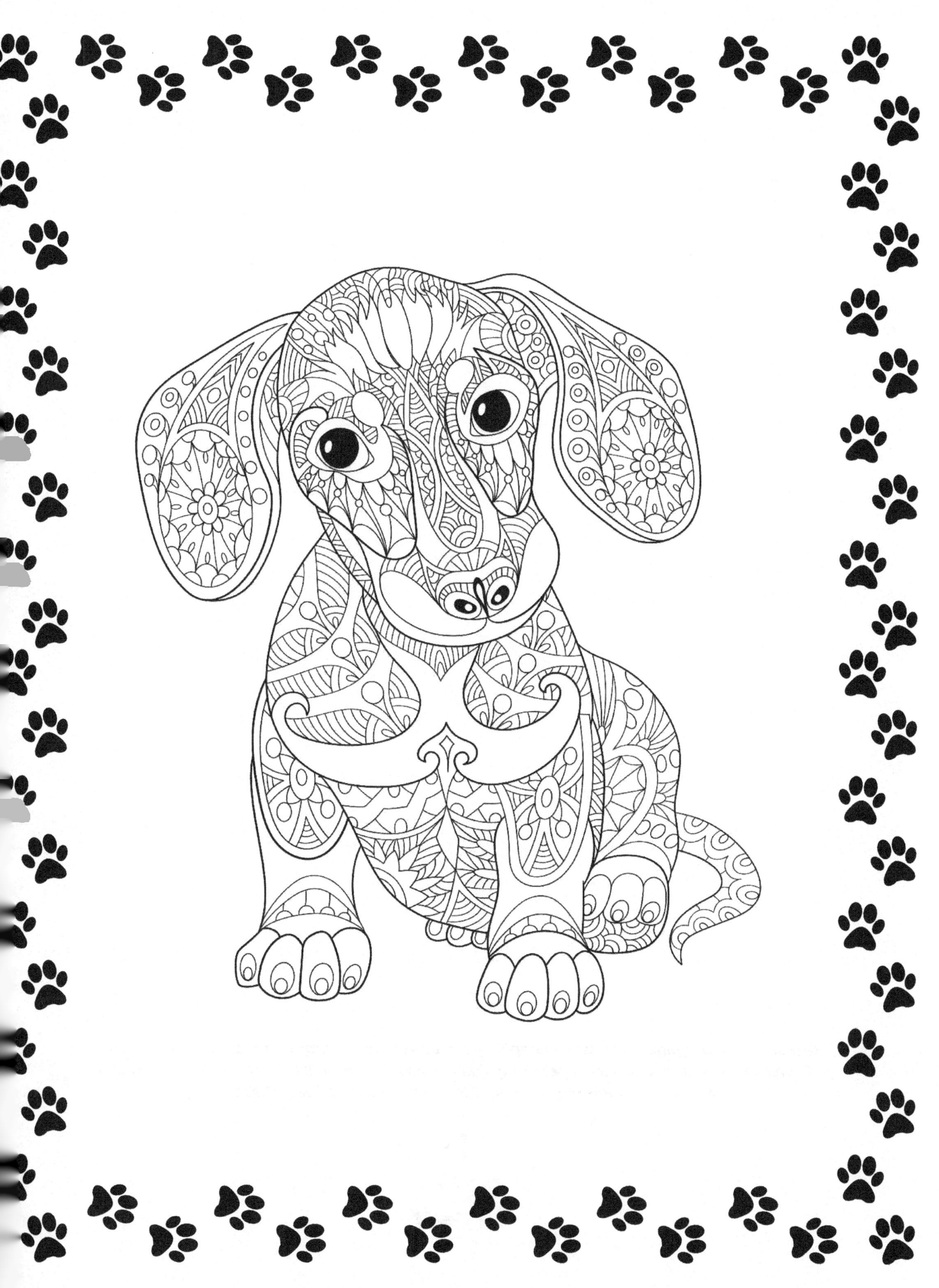

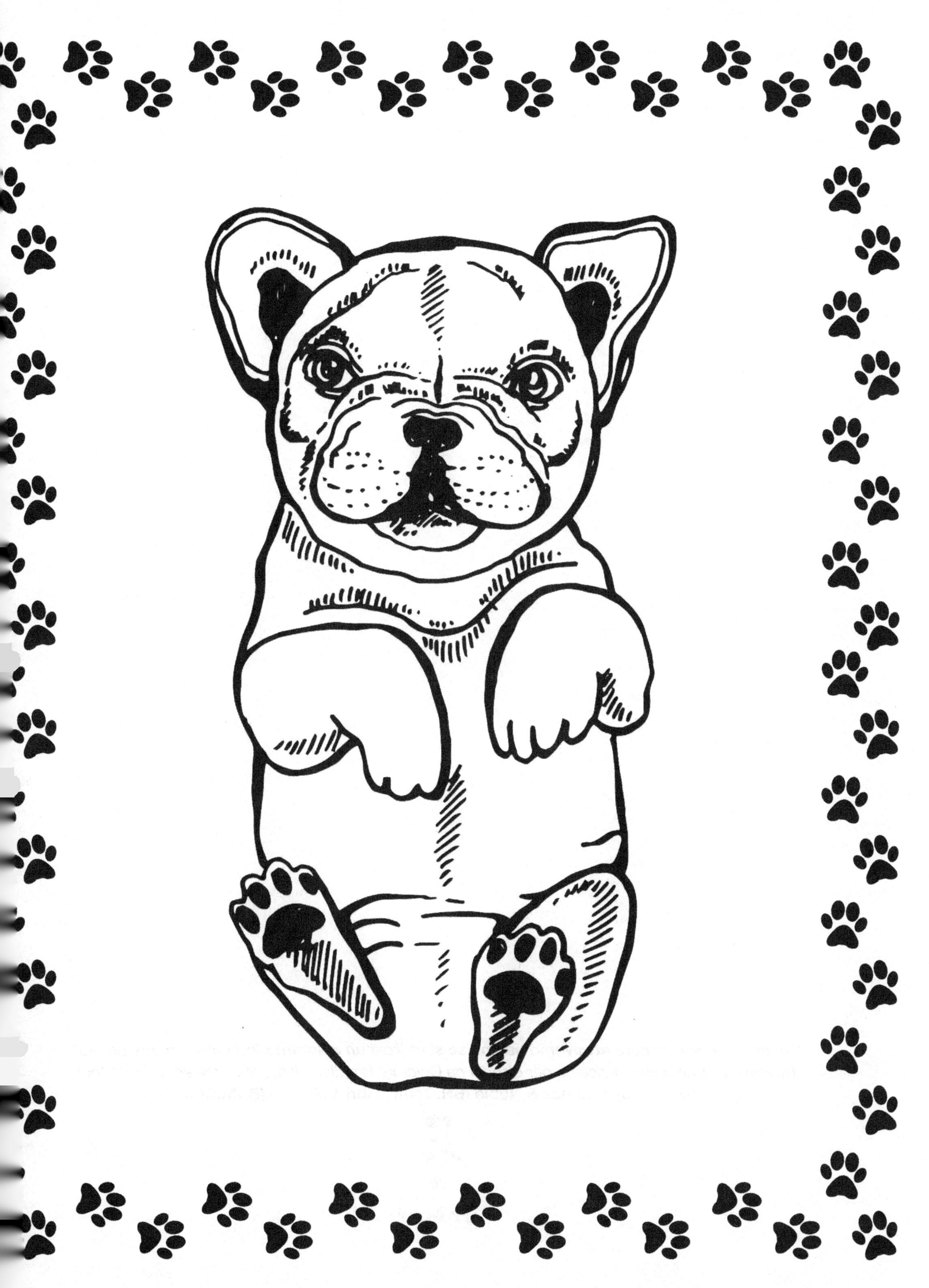

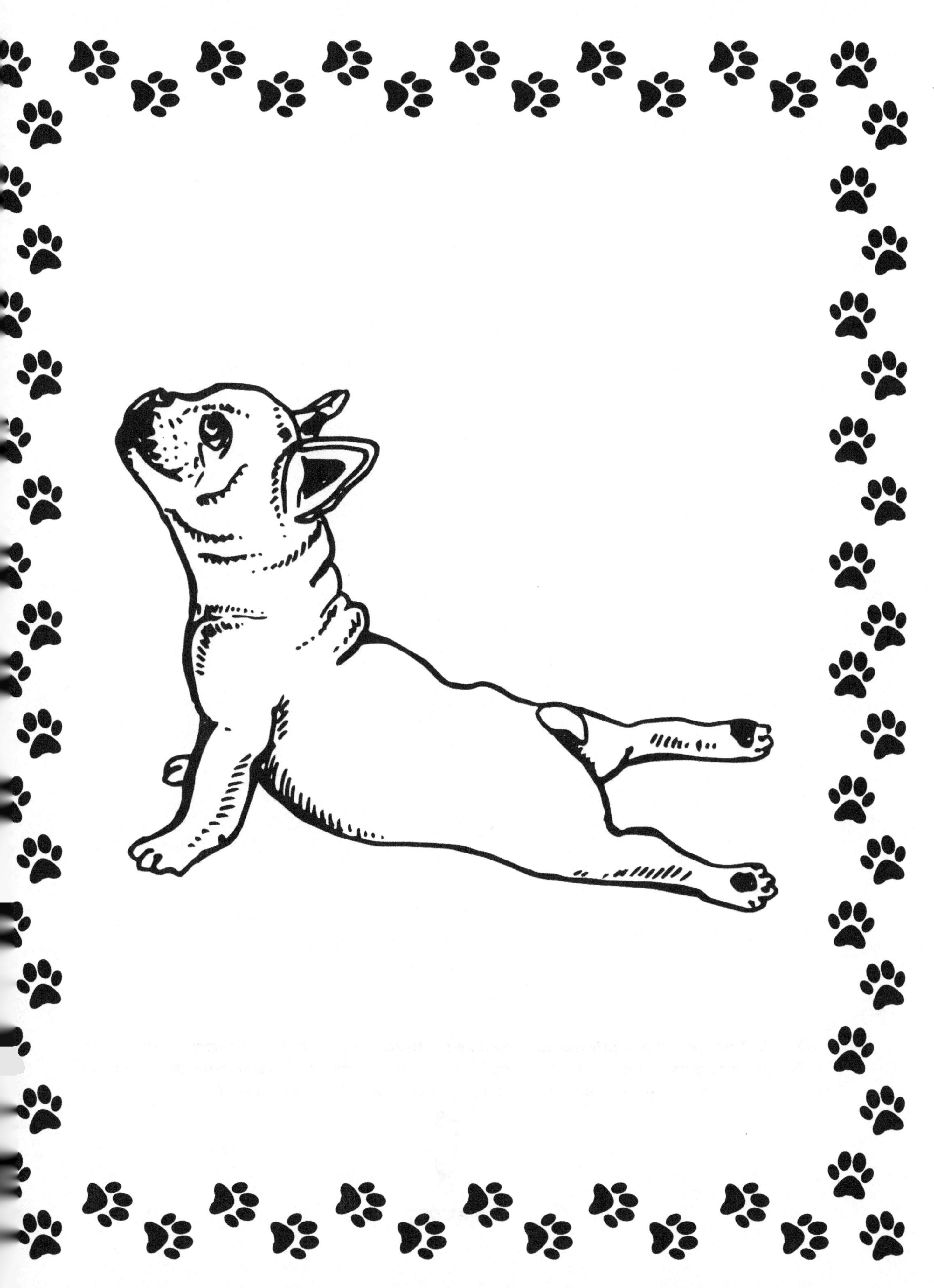

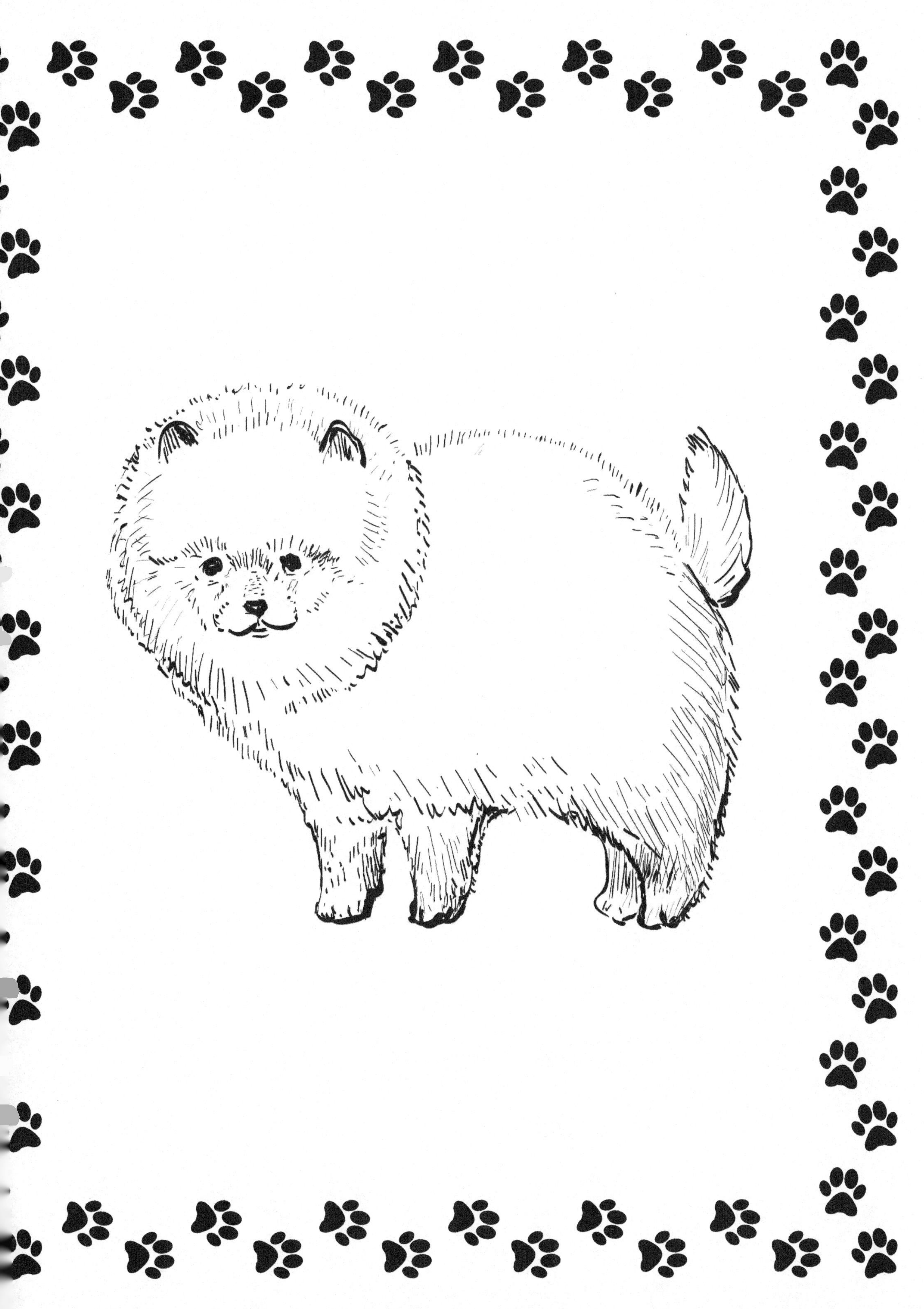

Made in the USA
Monee, IL
07 July 2026

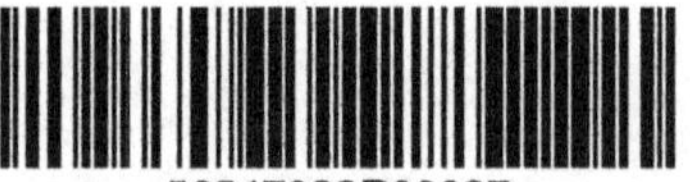